찬란한 문학의 문장들

일러두기
- 도서명은《》, 단편, 시 등 작품명은〈〉로 표기하였습니다.
- 이 책에 실린 외국 작가의 인용문은 저자가 직접 번역한 문장입니다.
- 국내 작가의 인용문은 출판사와 저자, '한국문학예술저작권협회'를 통해 저작권자의 동의를 얻어 수록하였습니다. 허가받지 못한 작품에 대해서는 추후 저작권이 확인되는 대로 적법한 절차를 진행하겠습니다.

니체부터 박완서까지, 위대한 작가들의 준비된 위로

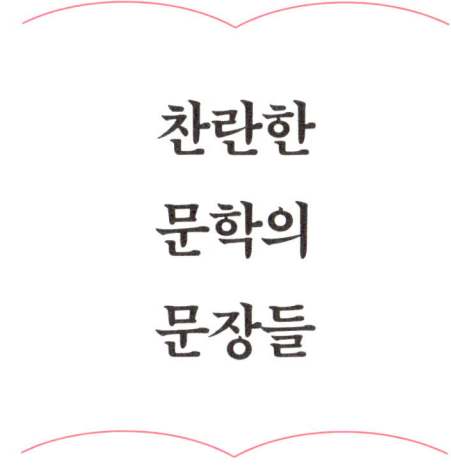

찬란한 문학의 문장들

김욱 지음

이토록 깊고 찬란한 문학이란 이름의 위로

  이 책을 쓰면서 나는 또다시 의문에 사로잡혔다. 문학이란 무엇인가. 상냥함과는 인연이 없는 척박한 인생살이에서 과연 문학이라는 예술이 존재하는 까닭이 무엇이며, 그것이 우리네 보편적인 현실에 어떤 변화를, 또는 위로를 전해줄 수 있을까, 라는 궁금증.

  개인적으로는 젊어서부터 지루하게 반복되어온 답이 없는 물음에 또 한 번 도취되어야 한다는 상황이 불편하기만 했다. 나는 꽤 늙어버렸고, 내 안에는 더 이상 열망이라든가 미래에 대한 희망이 잔존하지 않는다고 생각해왔기 때문이다. 수십 년 동안 매일같이 해왔던 일상의 연속으로 책상에 앉아 글을 쓰고, 서재에 꽂힌 책들을 들춰봤다. 그것이 한때는 나의 꿈이었으며, 밥벌이의 수단이었고, 이제는 허울뿐인 이름 앞을 수식하는 관습이 되었다.

관습처럼 나는 세상이 문학에게 던지는 질문을 똑같이 던져본다.

"왜 이토록 아프고 처절한 상처들의 기록을 읽어야만 하는가."

과거의 나, 젊은 시절의 나였다면 거짓을 꾸며서라도 거창한 이유를 나열했을 것이다. 철학이 없는 삶을 살고 싶지 않다느니, 정신의 풍요로움에 더 큰 가치가 있지 않겠느냐니 하는 그럴듯한 말로 독자를, 그리고 나 자신을 기만하려 들었을 것이다.

무심한 세월이 내게 허락해준 것은 많은 책을 읽어볼 수 있도록 넉넉히 쌓인 한가롭게 가난한 시간들. 그 세월들이 적잖이 고통스러웠음은 부인할 수 없는 진실이다. 연약하고 자존감 낮은 나는 세상과 용기 있게 맞서지 못하고 고개를 숙여 외면했다. 그렇게 내 안에 쌓인 반갑지 않은 흔적과 흉터가 세상이 요구했던 형태와는 다른 모습으로 나를 만들어나갔다. 세상을 주도하는 집단에 소속되지 못하고, 세상이 정해놓은 자격을 통과하지 못함으로써 우연찮

게도 나는 나만의 인생을 얻게 되었다. 세상이 조목조목 불러주는 대로 나라는 존재의 가치와 목적을 받아 적지 않아도 되는 자유와 도피의 기회를 얻은 것이다.

나 혼자였다면 감히 그런 가능성이 있다는 상상조차 하지 못했으리라. 각별한 친구와 가족일지언정 나만을 위해 죽음과 사멸로 뒤덮인 비참한 사유의 늪을 헤매줄 수는 없는 것이다. 세상의 빛이 드리워지지 않는 어두컴컴한 작은 방 안에서 누군가는 내가 목격하고 있는 절망의 아우성과 거기서 피어나는 인간의 정념을 한 치의 거짓된 속삭임 없이 드러내어 표현하고 있다. 그것이 문학이며, 문학을 곁에 두었을 때 우리는 나 자신을 희생시키지 않고도 상처에서 회복할 힘을 얻게 된다. 세상과의 투쟁에서 승리자가 되지 못하더라도 거대한 장벽 너머에 펼쳐진 새로운 무대를 손에 넣을 수가 있다. 모든 인간에겐 공감하며 감격하는 능력이 있기 때문이다.

나는 비로소 알게 되었다. 인간은 상처에 넘어지고 빼앗기고 좌절하는 것이 고작은 아니다. 넘어졌을 때 보지 못했던 공간에 눈을 뜨고, 빼앗겼을 때 진실로 소중했던 것이 무엇이었는지 확인하게 되며, 좌절은 가서는 안 될 길의 이정표를 제대로 판단케 해준 지식으로 남는다.

힘에 부쳤던 기나긴 세월을 견뎌내게 해준 보잘것없는 지식과 감동의 근원을 한데 모아 쑥스럽고도 뿌듯한 심정으로 고백한다. 여기에 실린 책들, 그 책들에 담긴 생각들, 그런 생각을 떠올릴 수밖에 없었던 작가들의 고통스러운 삶이 내일을 살아가야만 하는 지친 마음들에 작은 두근거림을 안겨줄 수 있기를 바란다. 오랫동안 책을 읽고 쓰면서 한 권의 책에 더없이 귀중한 존립의 근거를 부여하는 주체가 읽는 이의 삶에 불어닥친 광기 어린 파고듦이었음을 인정하게 되었다. 상처와 아픔이 없었던들 우리는 서로의 존재를 찾아내지 못했을 것이다.

그러니 마지막으로 나를 위로해준 작가들의 상처와 나의 상처와 이 책에 손길이 닿은 모든 분의 상처에 깊이 감사하고 싶다.

차례

들어가는 말   **004**
―이토록 깊고 찬란한 문학이란 이름의 위로

1장   살면서 흔들리지 않는 사람은 없다

내일은 오늘보다 더 나빠질 수도 있겠지만   **015**
―프리드리히 니체, 《차라투스트라는 이렇게 말했다》

분노가 필요한 순간들   **024**
―이육사, 《육사시집》

엄마와 여자, 사회인의 갈림길에서   **033**
―박완서, 《그 많던 싱아는 누가 다 먹었을까》

세상이 엉망이어도 나까지 엉망일 순 없다   **042**
―바휘르 스피노자, 《에티카》

보상을 바라기 전에 최선의 노력을 다한다   **052**
―최명희, 《혼불》

우리를 살아가게 만드는 힘   **062**
―천경자, 《내 슬픈 전설의 49페이지》

2장　오늘이 고단한 건 다 밥벌이 때문이다

직업이라는 빈집을 떠나지 못하는 자들에게 바치는 위로　　075
— 기형도, 〈빈집〉

유혹에 빠지는 이유　　084
— 서정주, 〈자화상〉

아직 늦지 않았다는 믿음　　094
— 마쓰모토 세이초, 《어느 고쿠라 일기전》

떫은 삶 뒤에 가려진 깊은 향내를 기다리며　　104
— 천상병, 《새》

함께 살아간다는 것이 때로는 '뺄셈'일지라도　　113
— 김소월, 〈진달래꽃〉

실패할 기회조차 가져보지 못한 청춘의 우울　　122
— 전성태, 〈태풍이 오는 계절〉

3장　언제나 문제는 사랑과 사람

어떤 봄은 차갑다　　135
— 김유정, 〈봄봄〉

사랑은 사랑으로 사람은 사람으로 구원받는다　　144
— 표도르 도스토옙스키, 《죄와 벌》

그럼에도 불구하고 생명은 지속되어야 한다　　153
— 박경리, 《토지》

이기심의 유혹 속에서 살아가는 고통   **162**
— 알베르트 슈바이처, 《물과 원시림 사이에서》

인간은 서로를 비춘다   **171**
— 장 그르니에, 《카뮈를 추억하며》

인생을 고독하게 만드는 것들   **180**
— 백석, 〈남신의주 유동 박시봉방〉

성실함으로 지켜내는 우리의 인연   **189**
— 피천득, 《인연》

더불어 사는 것이 고통으로 변질된 시대를 위로하며   **199**
— 양귀자, 《원미동 사람들》

4장   암울한 시대를 현명하게 건너는 법

나의 삶을 누군가에게 빼앗긴 것은 아닐까   **211**
— 프란츠 카프카, 《변신》

세상에 길들여지거나 세상이 내 앞에 굴복하거나   **221**
— 신경림, 《농무》

누가 진짜 바보인가   **232**
— 레프 톨스토이, 《바보 이반》

사회라는 거대한 시험대 위에 서 있는 이들에게   **241**
— 김동리, 《무녀도》

끝까지 눈감지 않기를, 침묵하지 않기를   **250**
— 김정한, 〈사하촌〉

연결, 개인을 살아가게 하는 푸른 희망   **259**
— 심훈, 《상록수》

상처를 웃음으로 넘기는 슬픔   **269**
— 이문구, 《내 몸은 너무 오래 서 있거나 걸어왔다》

5장 찬란하며 자유로운 인생을 위한 태도

절망에 익숙해져서는 안 된다   **283**
— 가오싱젠, 《창작에 대하여》

세상을 향해 금지된 여행을 떠나며   **292**
— 이사벨라 버드, 《한국과 그 이웃 나라들》

마음의 힘으로 살아가는 법을 깨닫다   **302**
— 소노 아야코, 《나이듦의 지혜》

직선의 삶을 꿈꾸며 곡선의 삶을 받아들이는 용기   **312**
— 이윤기, 《숨은 그림 찾기》

누구를 위하여 성장하는가   **321**
— 헤르만 헤세, 《수레바퀴 아래서》

본문에서 인용한 글과 책   **332**

살면서 흔들리지
않는 사람은 없다

내일은 오늘보다
더 나빠질 수도 있겠지만

―프리드리히 니체, 《차라투스트라는 이렇게 말했다》

청춘은 절망에서 태어난다. 그러나 청춘이 들려주는 절망은 끝이 아니다. 하나의 몰락을 통해 새로운 가치가 잉태되고 태어나는 위대한 절망이다. 새로운 '나'로 태어나기 위해 현존하는 '나'의 청춘이 희생되는 것이다. 그렇기 때문에 청춘의 절망은 궁극의 희망이다. 고통은 소멸해야만 끝나는 아픔이 아니다. 그 아픔 끝에서 새 생명이 탄생하고, 새로운 시대가 열리고, 새로운 가치관이 정립된다. 거칠고 때로는 표독스럽기까지 한 날카로운 의심들이 생애의 마지막 순간까지 살아남아 내 안에서 약동하는 것이다.

이처럼 '다름'에는 각오가 필요한 법이다. 달라진다는 것은 그림자에 머물지 않겠다는 선포이기 때문이다. 변화는 언제나 보이지 않는 곳에서 시작된다. 변화가 눈에 보이기까지 얼마나 많은 희생과 노력과 실망이 필요한지는 오직 변화를 체감하는 개인만이 말할 수 있다. 이 변화의 증거들이 인생이 누구의 것인지를 말해주는 목격자가 된다. 그리고 내 삶의 목격자는 원하고 있다. 왜 나는 변화해야만 하는가, 왜 나는 지금과 달라져야만 하는가, 라는 의문에 대한 해답을…….

우리는 백사장의 모래 한 알갱이가 아니다. 하늘에 떠 있는 수많은 별 중 하나다. 나보다 더 빛나는 별도 있다. 나보다 더 큰 별도 있다. 그 척도는 지구와 별의 거리에 불과하다. 지금 당장은 그 별이 지구와 거리가 좀 더 가깝다는 이유로 나보다 좀 더 밝게 빛나고 있을 뿐이다. 단지 각자가 처한 환경 때문에 더 크고, 더 빛나 보이는 것뿐이다. 인생도 마찬가지여서 성공과 실패를 척도로 삼아서는 안 된다. 그것은 나에 대한 긍지를 별빛에서 백사장의 잿빛으로 추락시키는 변명거리에 불과하다.

그대는 그대를 위해 마련된 위대한 길을 걷는다. 지난날 그대를 붙들었던 가장 큰 모험은 이제 그대의 마지막 피난처가 되었다. 그대의 등 뒤에 길은 없다. 이제 선택할 수 있는 답안지는 오직 앞으로 걷는 것뿐이다. 이 길은 그대를 제외하곤 누구도 걸어가지 못한다. 그대의 발걸음이 그대가 걸어온 자취를 지우고 있기 때문이다. 그대가 처음 길을 떠났던 곳엔 '불가능'이라는 표지판만이 걸려 있다.

그대는 지금 자유로운가? 내가 듣고 싶은 대답은 그대를 지배하는 생각의 정체이지 멍에를 풀고 도망치려는 그대의 뒷모습이 아니다. '무엇인가로부터 자유롭다'는 말은 듣고 싶지 않다. 그대는 그대의 눈동자가 내게 들려줘야 할 대답이 '무엇을 위한 자유인가'였음을 기억해내야만 한다.

―프리드리히 니체, 《차라투스투라는 이렇게 말했다》

인생은 거대한 원석이다. 이 돌에 신을 조각할 것인지, 아니면 악마를 조각할 것인지는 전적으로 개인의 자유와 선택에 달려 있다. 내가 세상에 존재한다는 거짓말에 더 이상 속아 넘어가서는 안 된다. 내가 살아가기에 세상이 존재한다는 진실만을 받아들이고 기억해야 한다.

니체는 인간의 삶을 획일화를 향한 투쟁이라고 정의했다. 나와 다름을 인정하지 않는 세계에서는 인간이 가야 할 길이 뚜렷하고 단순하다. 인류가 걷는 보편적인 길에서 벗어나야만 하는 것이다. 그 때문에 낙오자로 분류되는 것은 두려운 일이지만, 진실을 이야기하자면 낙오는 입장의 차이, 시선의 차이에서 생겨나는 편견이다. 니체의 삶과 죽음이 그 증거다.

니체(1844-1900)는 박사 논문을 마치기도 전인 스물네 살에 바젤대학교 문헌학과 교수로 추천받는다. 어린 나이임에도 주변에서 능력을 인정받고 미래가 밝다는 말을 자주 들었다. 젊은 나이에 자신에게 쏟아지는 찬사와 지나친 기대에 취해 니체는 나르시시스트가 되었고 시야가 좁아졌다. 동시에 크나큰 마음의 부담을 느꼈다. 모두의 주목을 받으며 젊은 날의 연구를 집대성한《비극의 탄생》을 출판했지만 엄청난 혹평에 시달렸다. 그에게 쏟아졌던 기대가 컸던 만큼 실망과 비난도 감당하기 어려운 수준이었다.

도를 넘어선 비난과 관심에 몸과 마음이 지쳐버린 니체는 교수라는 자리에 염증을 느꼈다. 자신의 말과 행동에 사람들이 주목하고, 또 자신에 대한 평판 대부분이 좋지 않은 방향으로 결론이 나는 데 지쳐버렸다. 이때 마음 고

생을 어찌나 심하게 했던지 니체는 훗날 일기장에 '스물네 살에 대학교수가 되는 짓을 저질러서는 안 된다'는 글을 남기기도 했다.

심리적으로 위축되어 정상적인 생활이 불가능해지자 니체는 더 이상 교직에 연연해서는 안 된다고 판단했다. 결국 서른다섯 살에 교수직을 사퇴한다. 모두의 기대와 주목을 한 몸에 받으며 교수직에 오른 지 10년 만의 일이었다. 대학이라는 조직에 몸담았던 10년 동안 니체의 정신은 완전히 무너졌다. 주위의 기대를 충족시켜야 한다는 고독감, 적성에 맞지 않는 교수직이지만 미망인인 어머니와 여동생의 생활비를 대기 위해 버텨내느라 받았던 스트레스는 겉으로 드러난 화려한 겉모습의 이면에서 니체를 속부터 망가뜨렸다.

퇴직 후에도 고통스러운 생활은 달라지지 않았다. 평판에 휘둘리지 않고 오직 자기 자신을 위해 연구하고 글을 쓰겠다는 다짐을 비웃듯이 몇 푼 안 되는 퇴직연금만으로는 생활이 너무나 어려웠다. 병마가 찾아오자 니체는 이 순간이 생의 마지막 기회임을 깨닫고 정력적인 집필 활동에 나섰다. 대표작인 《차라투스트라는 이렇게 말했다》 등 여러 작품이 연달아 완성되었다.

이와 같은 상태에서 벌여온 고독한 투쟁은 그의 체력만이 아니라 정신력마저 모두 닳게 했다. 그가 말년에 쓴 책들은 계속 나빠져만 가는 자신의 신체적 조건을 이겨내려는 처절한 몸부림 속에서 이루어진 것이다. 건강은 계속 나빠지기만 했다. 1889년 골목을 걷던 니체는 갑자기 마비 증세를 일으켜 쓰러졌고, 사람들이 집으로 데려갔으나 이틀 동안 의식을 찾지 못했다. 과거에 앓았던 매독 때문인 것으로 보였는데, 병원에서는 진행성 마비증이라는 진단을 내렸다. 어머니와 여동생의 10여 년에 걸친 헌신적인 간호도 소용이 없었다. 반복되는 혼수상태에서 사경을 헤매던 끝에 니체는 정신병원에서 생을 마감했다.

　니체는 보장된 명예와 사랑과 보편적인 행복이 사라진 눈앞의 현실에 좌절하며 괴로워했지만, 고통 속에서 투쟁이라는 삶의 원초적인 욕망에 눈을 뜨게 되었다. 무릎을 꿇고 고개를 조아리며 생존을 구걸하는 인습에서 벗어나 벌거벗고 나약하기만 한 인간의 본모습에 절망할 줄 알게 된 것이다. 이로써 니체는 모든 것을 잃었으나 우주에 단 하나뿐인 자기 자신을 소유하는 주체가 될 수 있었다.

🪶　나에게 길을 묻는 자들에게 나는 이렇게 대답해주었다.

"이것은 나의 길이다. 그대들의 길은 어디 있는가?" 나는 그들에게 길을 가르쳐주지 않았다. 왜냐하면 처음부터 길은 존재한 적이 없기 때문이다.

나는 오직 피로 쓴 것만을 사랑한다. 낡아빠진 잉크 대신 펜 끝에 그대의 피를 적셔라. 그래야만 사람들이 피가 그대의 정신임을 알게 되리라.

오, 나의 형제들이여. 내가 너희를 사랑하는 까닭은 너희들이 하나의 과도기이며, 몰락이라는 사실을 잘 알고 있기 때문이다. 그대들이 모멸하고 있는 것, 그것이 내게는 희망이다. 악덕한 모멸 속에서 위대한 경외가 태어남을 나는 알고 있다. 그대들을 절망케 만드는 그것. 그 절망 속에 마지막 희망이 숨겨져 있다. 그대들은 아직 굴종을 배우지 않았기 때문이다. 이 교활한 인습을 습득하지 않았기 때문이다.

우리는 지극히 평범한 사람들이다. 우리가 할 수 있는 일은 다만 행동하는 것뿐이다. 현재의 내 모습에 망설이고, 못 미더워하고, 실망하기에는 시간이 부족하다. 일상에서 끊임없이 되뇌는 '조금만 더 있다가'라는 시간은 영원히 도착하지 않는다. 인간은 행동하면서 배움에 도달한다. 부딪혀봐야 내게 무엇이 부족했는지 알게 되는 법이다. 눈으로 너무 많은 것을 판단하려는 생각을 버려야 한다. 귀로 모든 것을 들을 수 있다는 생각도 버려야 한다. 생각만으로 인생이 결정되는 건 아니다. 눈과 귀와 머리로 알고 있는 내가 나의 전부는 아니다.

인생에서 역경을 극복하고, 성공을 향한 계단을 하나씩 밟아가고, 그때마다 새로운 소망들을 만들어가고, 다시 그 소망들이 이루어지는 것을 지켜보는 기쁨은 이루 말할 수가 없다. 위대한 노력가들도 우리처럼 지칠 때가 있었다. 우리처럼 쓰러질 때가 있었다. 처음에는 희망이 그들을 부축해주었고, 다음으로는 인내가 뒤에서 그들을 밀어주었다. 역경을 정복하는 것은 인간에게만 허락된 최고의 행복이다. 신이 인간을 창조했지만 인간에겐 신이 만든 절망을 정복할 힘이 있다고 나는 믿는다.

꽤 오랫동안 인생을 살아오면서 느낀 점은 오늘은 항상 최악이었다는 것이다. 그런데 내일은 오늘보다 더 나빠질지도 모른다. 그것을 알면서도 내일을 준비해야만 한다. 그것이 인생이라는 나그네의 길임을 알고 있기 때문이다. 지상에는 육신을 편히 쉬게 해줄 안식의 땅이 없다. 평안과 안식과 행복과 자유는 나에게서 삶의 의지를 빼앗는 적이다. 사는 데 부족함이 없다는 고백은 나의 삶이 누군가로부터 사육되고 있다는 고백임을 명심해야 한다. 보이지 않는 덫과 울타리에 갇혀 안전한 일상을 누리는 동안에 수많은 기회와 가능성이 내 곁에서 사라지는 것이다.

청춘은 구름 한 점 없는 하늘처럼 아직은 깨끗하고 숭고한 시절이다. 위대해지고 싶다든가, 부자가 되고 싶다고 말한다면 세상을 향해 거짓말을 하고, 나보다 더 많은 것을 가진 자들에게 머리를 숙이고, 나보다 어리석은 자들에게 아첨을 떨고, 나보다 가난한 자들을 속일 준비가 되어 있다고 고백하는 것과 다를 바 없다. 청춘은 정의와 함께 서 있어야 한다. 청년의 가슴속에서 정의라는 관념이 희미해진다면 그의 청춘은 모든 함정과 위험에 직면하게 될 것이다.

분노가 필요한
순간들

—이육사,《육사시집》

'인내는 쓰고 열매는 달다'는 금언은 너무나도 유명해져서 진리처럼 여겨진다. 하지만 청춘은 굳이 참지 않아도 된다. 아니, 참아서는 안 된다. 억제하고 참고 견디라는 사회의 가르침은 머리 꼭대기에 피도 안 마른 어린 자들을 자기네 입맛에 맞도록 성숙시켜 삼켜버리기 위한 관습의 명령이다.

 참을 만큼 참아내고, 견딜 만큼 견뎌내고, 버틸 만큼 버텨내서 도중에 쓰러지지 않고 얻는 결과는 이 나이 먹도록 살아남았다는 자괴감뿐이다. 참아온 것들을, 견뎌온 것들을, 억눌러온 것들을 나는 왜 그 젊은 날에 터뜨리지 못했나 후회를 남겨서는 안 된다.

   젊다고 해서 가슴속에 품고 있는 독 한 줌 없지는 않을 것이다. 살아본 날들이 얼마 되지 않는다고 해서 의무와 책임의 묵직한 눌림에 생이 끊어질 듯 고통받아본 적 없음을 낙관해서는 안 될 것이다. 세상이 듣거나 말거나 주어진 인생에서 경험하게 된 몇 번의 모순과 부당한 순리에 딴죽을 걸며 덤벼드는 것은 객기를 토하는 난장판을 원해서가 아니다. 젊은 자의 분노는 권리가 아니다. 의무와 책임이다.

까마득한 날에
하늘이 처음 열리고
어데 닭 우는 소리 들렸으랴

모든 산맥들이
바다를 연모해 휘달릴 때도 차마 이곳을 범하던 못 하였으리라

끊임없는 광음을
부지런한 계절이 피어선 지고

큰 강물이 비로소 길을 열었다

지금 눈 나리고
매화 향기 홀로 아득하니
내 여기 가난한 노래의 씨를 뿌려라

다시 천고의 뒤에
백마 타고 오는 초인이 있어
이 광야에서 목 놓아 부르게 하리라

―이육사, 〈광야〉

1904년 경상북도 안동에서 퇴계 이황의 14대손으로 태어난 이육사李陸史의 본명은 이원록李源祿이다. 육사라는 필명은 스물다섯에 그가 스스로 지은 이름이다. 대구에서 일제가 운영하는 은행을 폭파하려던 시도가 미리 탄로나 체포되어 1년 7개월간 옥살이를 하면서 그는 이원록이라는 우리말 이름 대신 '264'라는 수인 번호로 불렸다. 출감 후에 그는 이 치욕스러운 수인 번호를 시인의 이름으로 삼는다. 그것은 나라를 빼앗긴 암울한 현실에 기대어 살지 않고, 비참했던 시절의 치욕을 자랑 삼아 희망을 노래하겠다는 굳은 다짐이기도 했다.

  그 다짐이 부끄럽지 않도록 그는 이육사라는 이름으로 시를 쓰고 독립을 노래하면서 열일곱 차례나 투옥과 석방을 반복했다. 구속될 때마다 잔인한 고문은 통과의례처럼 반복되었다. 뜨겁게 달군 쇠꼬챙이가 그의 피부를 타들어 가게 했으며, 얇게 오려낸 대나무 껍질이 손톱 밑으로 파고들어 여린 속살을 파헤쳐놓았다. 천장에 거꾸로 매달아 놓고 며칠씩 방치하는 바람에 죽을 고비도 여러 번 넘겼다. 가족이 면회를 오면 간수들은 이육사가 벗어놓은 피투성이가 된 옷을 빨아 오라고 시켰다. 이토록 처절한 박해에도 이육사는 다른 죄수들보다 먼저 고문받기를 자처했고, 간수들의 심사를 건드려 가장 오랫동안 그에게 고문이 가해지도록 유도했다. 자기 몸이 고단하고 아플수록 뒤에서 기다리는 동료들의 고통이 줄어든다는 마음에서였다.

  고문이 끝나고 차디찬 감옥 바닥에 내던져진 이육사는 한탄과 절망으로 눈물 흘리면서 어서 이 괴로운 잉여의 시간이 끝나기를 고대하며 잠들지 않았다. 부스러지기 직전의 흑연에 침을 발라 손톱이 다 빠진 손끝으로 연필을 쥐고 시를 써 내려갔다. 그가 쓴 시들은 실패한 정치 활동과 희망을 품을 수 없는 독립운동에 화가 난 20대 초반의 배설과도 같은 한숨이 아니었다. 빛 한 줄기 내비치지 않는 어두운 감옥에서 피어났다고는 상상도 할 수 없는 화려한 상징과 은유들, 당찬 포부들, 미래를 의심치 않는 희망들로 넘쳐났다.

온몸이 난도질당한 피투성이의 몸으로도 이육사는 청춘의 품위를 잃지 않았다. 떨리는 그의 오른손에서 태어난 시들은 의심하며 쓰러지는 법을 모르는 청춘의 찬가였다. 절망과 좌절과 포기를 강요하는 세상으로부터 이육사가 목숨을 걸고 생의 마지막 순간까지 지켜냈던 젊음의 저항이었다.

결국 일본과 중국을 오가며 겨레의 희망을 꿈꾸던 이육사는 독립을 한 해 앞둔 1944년, 마흔 살의 나이에 중국 베이징 감옥에서 순국하고 마는데, 당시 그는 이미 불치의 폐병으로 죽음을 예감하고 있었다. 요양을 해도 모자랄 판에 그는 매서운 삭풍이 몰아치는 중국 대륙, 낯선 광야로 발길을 돌린다. 그곳에서 힘겨운 투쟁에 나선 독립군을 지원하고 위로해주기 위해서였다. 그 길이 생애 마지막이 될 수도 있음을 알았지만 주저함이 없었다. 이육사라는 이름에 담긴 뜻에 걸맞은 아름답고 위대한 순교였다.

내 고장 칠월은
청포도가 익어가는 시절

이 마을 전설이 주저리주저리 열리고
먼 데 하늘이 꿈꾸며 알알이 들어와 박혀

하늘 밑 푸른 바다가 가슴을 열고
흰 돛단배가 곱게 밀려서 오면

내가 바라는 손님은 고달픈 몸으로
청포를 입고 찾아온다고 했으니

내 그를 맞아 이 포도를 따 먹으면
두 손을 함뿍 적셔도 좋으련

아이야 우리 식탁엔 은쟁반에
하이얀 모시 수건을 마련해 두렴

— 이육사, 〈청포도〉

육사가 나고 자란 안동시 도산면과 와룡면 일대는 포도

생산지로 유명한 곳이다. 아마도 어린 시절 육사는 더운 여름날에 덜 여문 포도 알을 볼이 터져라 입에 가득 물고 동무들과 낙동강변을 내달렸을 것이다. 그의 생가는 안동댐이 들어서면서 수몰되어 자취를 찾아볼 길 없으나, 그가 품었던 광복과 새 시대를 향한 열망은 사후 발간된《육사시집》서른다섯 편에 온전히 실려 그 암울했던 시절에도 굴하지 않은 희망과 끈기, 좌절을 모르는 생명의 노래를 우리에게 들려주고 있다. 그 감동은 광야에 떨어진 포도 알 하나가 긴 시일이 지나서 너른 벌판을 가득 채우고 과수원을 이룬 것처럼 언제나 풍요롭고 달콤하기 이를 데 없다.

생활의 고단함과 노동의 대가인 듯 입가에 머무르는 단내는 살아 있다는 증거와 같다. 때론 이 삶이 덧없고 오늘 하루가 그저 무의미하게 느껴지기도 한다. 하지만 우리가 분노하는 법을 상실한 채 남은 세월을 보내며 기대 없이 또다시 똑같은 1년을 반복한다면 온 생애를 바쳐 이 땅의 자유와 희망을 소원한 이육사 같은 시인들의 청춘을 욕보이는 일이 될 것이다.

생전에 이육사는 세상에서 가장 얄밉고 화가 나는 상대는 일본도 아니며, 힘없이 국권을 빼앗긴 늙은 조국도 아니라고 했다. 자기 자신이 가장 얄밉고 화가 나는 상대라고 말했다. 참고 봐줘서는 안 될 자기모순을 아직 젊다는 핑계로 물에 물 탄 듯, 술에 술 탄 듯 약삭빠르게 상황을 모면하는 재주로 여기고 있다고 자책하며 늘 스스로를 반성했다. 이육사는 자신의 약점을 증오했다. 좀 더 편하게, 좀 더 쉽게 살고자 하는 나약한 마음에 분노했다. 그렇게 영원히 늙지 않는 젊음의 상징이 되었다.

미워하는 것은 미련 탓이다. 미련은 관심이다. 세상이 불만족스러운 까닭은 세상에 관심이 많아서다. 세상을 향한 관심의 끝에는 나에 대한 욕심이 서려 있다. 내가 믿고 찾고자 하는 무엇인가를 달성하고 싶다는 욕심이다. 쉽게 충족되지 않는 욕심에 화가 날지도 모른다.

그러나 기억해야 할 것은 이것은 진정한 분노가 아니라는 사실이다. 질투이며, 의심이다. 분노는 말로, 행동으로, 눈빛으로 증명되지 않는다. 분노에 가득 찬 이육사의 시는 티끌 한 점 없이 맑고 깨끗했으며, 상냥하고 관대했다. 친밀감이 넘쳐나는 눈빛이 연상되고 말투는 차분하게 가라앉아 조용조용하다. 매 구절의 매무새가 반듯하다. 하나 이육사의 시를 읽은 이의 마음은 차분해지지 않는다. 시대와 상황을 뛰어넘어 가슴이 두근거려서 분연히 떨치고 일어나 이 갑갑하게 매인 수갑들을 벗어던지고 싶은 용기가 일어난다. 이육사의 시가 직설적인 구호들, 치졸한 요구로 가득했더라면 우리는 그의 젊음이 품었던 분노에서 싱그러운 생명의 청포도를 찾지 못했을 것이다. 공감을 이루지 못했을 것이라는 얘기다. 고작해야 납득하는 것으로 기억에서 지웠을 게 뻔하다.

 전염되지 않는 분노, 공감되지 않는 분노는 변화를 일으키지 못한다. 혁신의 밑그림을 보여주지 못한다. 우리 삶에 분노가 필요한 근본적인 이유는 보복하기 위해서가 아니다. 나와 우리를 분노하게 만든 대상의 존재를 우리네 삶에서 영원히 지워버리기 위해서다. 그들에게 휘둘리지 않기 위해서다. 그것들에 얽매이지 않기 위해서다.

 그러기 위해서는 스물다섯 이육사가 그랬듯이 메마른 광야와도 같은 이 가엾은 시대에 꿈들이 알알이 맺힌 청포도를 준비해야 하는 것이다.

엄마와 여자,
사회인의 갈림길에서

―박완서,《그 많던 싱아는 누가 다 먹었을까》

엄마라는 이름은 억압이다. 모성母性은 모두의 것이어야 마땅함에도 여자, 그중에서도 엄마에게 한정되어 굴레처럼 덧씌워진 세월들이 차곡차곡 쌓여 이제는 그것이 진리로 군림하며 거역해서는 안 될 법칙이 되어버렸다.

그 억압에 굴복하지 않기 위해 수많은 여성이 엄마와 여자의 갈림길에서 방황한다. 사회는 여전히 엄마로 살아갈 것인지, 아니면 여자로 살아갈 것인지 묻고 있다. 여자로서의 정체성을 잃지 않고 살아간다는 것은 이기적인 자기실현으로 여겨지는 반면에 엄마로서의 삶은 순응과 복종, 희생이라는 미덕으로 미화된다. 둘의 차이는 명문화된 규범이 아닌 우리 스스로가 만들어낸 비겁한 의식을 기준으로 나뉜다. 엄마를 바라보는 의식의 눈총이 엄마를 여자로부터 떼어내 우리가 떠올리는 엄마, 자녀를 위해 희생해야 하며 남편을 뒷바라지하느라 자아를 상실해가는 것이 마땅한 '엄마'의 비극적인 초상을 만들어내는 것이다.

엄마인 동시에 여자로서의 삶을 포기하지 않고 꿈을 이어나간다는 것은, 그래서 위대한 일인 동시에 마치 이솝 우화에 등장하는 박쥐처럼 자신에게 유리한 입장을 오가며 줄타기를 감행하는 일종의 모럴 해저드로 이해된다.

엄마라고 해서 자아실현을 갈구하는 내면의 꿈틀거림이 느껴지지 않을 리 없다. 하고 싶은 일과 해야 할 일 사이에서 가족이 아닌 나를 택했을 때 욕심쟁이로, 이기주의자로 비난받는 처사에 눈물과 한숨이 쏟아지지만 이대로 가만히 멈춰버린다면 나 자신에게 미안해질 것 같아 오늘도 많은 엄마가 거창하지 않아도 나만의 새로운 가치를 찾아내는 시도를 포기하지 못하고 있다.

딸 넷과 아들 하나를 키우던 마흔 살의 박완서(1931-2011)도 엄마가 아닌 여자로서, 나아가 여자가 아닌 인간으로서 자기 안에 들끓는 꿈을 포기하지 못하고 있었다.

이미 아버지의 맹장염은 복막염을 일으켜 뱃속 가득 고름이 찬 것을 뒤늦게 수술을 했지만 항생제도 없을 때라 결국은 덧나서 죽음에 이르렀다고 한다. 엄마가 그걸 팔자소관으로 돌리지 못하고 시골의 무지몽매 탓으로 단정하고, 자식들이라도 어떡하든 그곳에서 빼내고자 한 것은 처녀 적의 엄마의 서울 체험과 무관하지 않다.

엄마의 친정 역시 시골이었지만 엄마의 외가 쪽은 서울에서 꽤 잘 살고 있어서 박적골로 시집오기 전 처녀 시절의 한때를 서울에서 외사촌들과 보낸 적이 있었다고 한다. 그때 외사촌들은 진명 숙명 등에 다니고 있었는데 그게 무척 좋아 보이고 부러웠었나 보다. 엄마는 통치마 입고 구두 신고 신식교육 받은 여자들을 휘뚜루 신여성이라고 칭했고, 나도 그렇게 만들고 싶어 했다.

―박완서, 《그 많던 싱아는 누가 다 먹었을까》

불혹不惑. 공자께서 나이 40에 이르러 토로한 체험담이다. 마흔 살이 되었더니 더는 삶이 펼쳐놓은 유혹에 넘어가지 않는 자신의 모습을 '불혹'에 비유한 것이다. 그리고 1970년, 공자님의 가르침이 무색하게도 갓 마흔이 된 오남매를 키우는 평범한 가정주부가 소설의 유혹에 발을 들여놓는다. 남편 뒷바라지에, 한창 엄마 손이 필요한 사춘기 아이들을 돌보는 사이사이 고향인 북한 개성 땅과 그곳에서 조상 대대로 터를 잡고 살아가던, 이제는 두 번 다시 볼 수 없는 그리운 이들의 이야기를, 육이오 동란에 의용군으로 끌려가 8개월 만에 목숨을 잃은 하나뿐인 오라비를, 미군 피엑스에서 손수건에 군인들 자화상을 그려주는 것으로 용돈 벌이를 하던 화가 박수근과의 만남 등을 벼랑 끝처럼 가파르고 위험하게만 보이는 소설의 길 위에 펼쳐놓은 것이다.

그러나 본질적으로는 한국사회에서 그녀가 몸소 겪었던 억압들을 여자의 눈으로 밝혀내고 싶었다. 여성의 삶 전체를 짓누르는 무게들을 샅샅이 파헤치고 싶었다. 그래서 가부장제 사회에서 소외될 수밖에 없는 여자들에 관하여 이야기했다. 그녀가 체험하고 느낀 여자의 삶은 식민 지배나 다름없었다. 친정아버지의 지배에서 벗어나 남편에게 지배당하고, 이어서 아들에게 지배당하는 굴종의 삶이었다. 그녀는 기회가 주어지지 않는 차별, 희생만을 요구하는 소외감에 상처받은 이 땅의 여자와 어머니, 그리고 그녀 자신을 위로하고 알리고 싶다는 책임에서 고개를 돌리지 않았다.

물론 쉽지 않은 길이었다. 요즘 말로 알파맘의 고행이었다. 어떻게든 그녀를 문단의 중심이 아닌 주변부의 다수 중 하나로 지목하고 싶어 하는 예술계로부터 가정을 팽개쳤다는 비난에 시달리지 않으려고 억척스럽고 모진 엄마가 되어야만 했다. 딸 넷과 아들 하나를 둔 소설 쓰는 엄마에게 집안일은 형벌이나 다름없었다. 재봉틀로 자식들 옷을 만들고 찬바람이 불면 뜨개질거리를 손에서 놓지 않았다. 교육에도 소홀할 수가 없었다. 맏딸을 그 시절 최고 명문이던 경기여중에 보내려고 일본에서 산수 문제집을 따로 주문해서 직접 번역해 가르치는 열성은 기본이었다. 운동신경이 부족한 딸의 체육 점수를 올리기 위해 어두운 저녁 골목길에서 매일같이 공 던지기 연습을 하고 나면 만년필을 들어 올려야 하는 오른팔은 녹초가 되곤 했다.

　그럴수록 박완서는 더욱 치열하게 자신의 길을 걸어갔다. 쉬지 않고 글을 쏟아냈다. 특히나 결혼과 이혼이라는 여자의 운명을 좌우하는 절대적 잣대를 타파하기 위해 노력했다. 억압적이고 불평등한 남녀 관계를 청산하는 불가피한 방법으로 박완서는 이혼도 해결책이 될 수 있다는 여성의 목소리를 작품으로 대변했다. 그녀의 펜은 어느새

전사의 칼이 되어 있었다. 개인의 삶을 추구하고자 시도했던 그녀의 선택이 마침내 동시대를 살아가는 여성의 삶을 해방시키고 위로하는 출구가 된 것이다.

  소설가 박완서는 늦게 찾아온 삶의 유혹을 뿌리치지 않은 결과로 마흔 살이라는 늦은 나이에 소설가로 등단했음에도 40년간 스무 권이 넘는 책을 써냈다. 늦게 시작한 만큼 새롭게 펼쳐진 인생을 더욱 소중히 부여잡았다. 그녀에게는 딸로, 아내로, 엄마로 억눌려 살아온 지난 40년의 인생이 곧 쓸거리였으며, 개간하지 않은 황무지였다. 그 버려진 땅에서 돌부리를 제하고 잡목을 거두고 사랑과 정성을 쏟았더니 그녀의 인생은 집안에 갇혀 가족들 그림자에 묻혀 사는 이름 없는 아내이자 어머니의 껍질을 벗고 문단을 대표하는 소설가, 우리네 토속과 정취를 기억나게 해주는 시대의 산증인으로 탈바꿈하는 데 이르렀다.

> 그때 문득 막다른 골목까지 쫓긴 도망자가 획 돌아서는 것처럼 찰나적으로 사고의 전환이 왔다. 나만 보았다는데 무슨 뜻이 있을 것 같았다. 우리만 여기 남기까지 얼마나 많은 고약한 우연이 엎치고 덮쳤던가. 그래, 나 홀로 보았다면 반드시 그걸 증언할 책무가 있을 것이다. 그거야말

로 고약한 우연에 대한 정당한 복수다. 증언할 게 어찌 이 거대한 공허뿐이랴. 벌레의 시간도 증언해야지. 그래야 난 벌레를 벗어날 수가 있다.
그건 앞으로 언젠가 글을 쓸 것 같은 예감이었다. 그 예감이 공포를 몰아냈다. 조금밖에 없는 식량도 걱정이 안 됐다. 다닥다닥 붙은 빈집들이 식량으로 보였다. 집집마다 설마 밀가루 몇 줌, 보리쌀 한두 됫박쯤 없을라구. 나는 벌써 빈집을 털 계획까지 세워놓고 있었기 때문에 목구멍이 포도청도 겁나지 않았다.

《그 많던 싱아는 누가 다 먹었을까》는 작가가 환갑이 넘어 집필한 자전소설이다. 이 작품을 쓰기 몇 년 전에 그녀는 남편을 폐암으로 먼저 떠나보냈다. 그리고 3개월 후에는 서울대학교 의과대학을 다니던 외아들마저 새벽녘 교통사고로 세상을 떠나버렸다. 그녀가 사랑했던 모든 남자, 할아버지, 아버지, 오빠, 남편, 아들이…… 그 많던 사랑하는 이들이 누가 몰래 뺏어 먹기라도 한 것처럼 허무하게 그녀 곁에서 사라져버린 것이다. 소설가 박완서는 이 슬픔 또한 가슴으로 삭이면서 수도원에 틀어박혀 두문불출하며 글로 풀어내 세상을 감동시켰다.

아무리 세상이 그녀를 아프게 하고, 억압하고, 무시해도 박완서는 소설 쓰기를 내려놓지 않았다. 소설은 그녀에게 자아를 실현시키는 해방구라든가, 명성을 얻게 해준 고마운 존재이기 전에 수익을 창출하는 직업이었기 때문이다. 생전에 박완서는 여자의 한계를 언급하는 인간적인 모욕보다도 소설가라는 직업에 대한 모욕을 더 참지 못했다. 그녀는 자신의 직업을 존중하고 사랑했다. 소설가라는 직업을 갖게 되면서 그녀는 비로소 여자가 아닌 인간 박완서로서 자립을 성취했으며, 자존심의 근거를 마련하는 데 성공했기 때문이다.

자신을 똑바로 응시하는 것처럼 용기를 필요로 하는 일은 없다. 이 용기에 나이라든가, 여자라든가, 엄마라는 역할은 거추장스러운 변명일 뿐이다. 박완서는 그녀의 삶에서 가장 지치고 위안이 필요할 때, 진이 다 빠져 빈 껍질만 남은 것 같은 허탈한 시기에 여자도, 엄마도 아닌 개인으로서 자신을 똑바로 응시하는 용기를 보여줬다. 그녀가 거둔 성공은 행운이 아니며, 그녀에게 아주 특별한 재능이 넘쳐났던 것도 아니다. 용기 있는 한 인간의 기나긴 여정이었을 뿐이다. 타인이 알아주고 인정해주느냐는 중요한 문제가 아니었다.

문득문득 당장의 생활에 치여 습관처럼 살아가는 내 모습이 역겨워질 때가 있다. 구원은 누구의 몫도 아니다. 해방은 현실과 조건을 계산하고 수용한다고 해서 얻어지지 않는다. 현실을 만들어가는 것은 바로 나 자신이기 때문이다. 마흔 살의 여자, 한 남자의 아내, 다섯 아이의 엄마였던 박완서는 자신의 이름을 사랑했다. 그 사랑의 결말은 우리 모두가 알고 있는 바와 같다.

세상이 엉망이어도
나까지 엉망일 순 없다

―바휘르 스피노자, 《에티카》

    다들 어렸을 때 내 꿈은 대통령이에요, 내 꿈은 야구 선수예요, 나는 연예인이 되고 싶어요, 라고 꽤나 거창하게 말했던 기억이 있을 것이다.

    대통령, 야구 선수, 연예인이 되고 싶다는 꿈은 변했을지 몰라도 그때나 지금이나 변하지 않은 것이 하나 있다. 왜 대통령이 되어야 하는지, 왜 야구 선수가 되고 싶었는지, 왜 연예인을 꿈꾸게 되었는지 이유를 모르겠다는 것이다. 예나 지금이나 우리는 그저 뭔가가 되기에 급급하다. 왜 그렇게 되어야 하는지는 모른다. 관심도 없다.

    나이가 들수록 인생에 대한 고민이 늘어나면서 그동안

살아온 시간을 반추해볼 때가 많은데 우리를 둘러싼 고민들은 여전히 바깥을 향하고 있다. 바깥의 시선, 바깥의 상황에 따라 현실과 이상 사이에서 아슬아슬한 외줄타기를 시도한다.

인생은 우리가 풀어야 할 가장 어려운 시험문제다. 객관식처럼 한 개의 정답을 고를 수 있다면 편하겠다 싶어 몇 개의 근사치적인 대안을 추려놓고 보면, 내가 직면한 문제의 답은 아니다 싶어 또 다른 고민이 생긴다. 문제의 지문에 답이 있다는 충고를 떠올리며 주관식으로 써놓아도 내가 살아가야 할 인생은 아닌 것 같다는 생각이 든다.

후회 없이 최선을 다해 살고 싶다. 비록 성공한 사람들처럼 부와 명예와 권력을 누려보지는 못해도 세상에서 나 한 명만큼은 행복하게 해주고 싶다……. 그 마음을 지켜나가는 것이 가장 힘든 일이며, 따라서 가장 큰 행복임을 잊어서는 안 된다.

인생에 정답은 없다. 인생에는 비밀도 없다. 인생에 정답이 있어야 한다면 우리가 정답을 만들어나갈 뿐이다. 인생에 비밀이 있다고 한다면 우리가 그 비밀을 푸는 열쇠가 되는 수밖에 없다. 내가 살아온 모든 시간이 내 삶의 정답이 되어주리라는 것을 우리는 알고 있어야 한다.

어느 유대인 랍비는 답이 없는 질문은 존재하지 않는다고 말했다. 답이 있기에, 열쇠가 있기에 질문이 있고, 비밀이 완성된다. 우리가 알고 있는 정답 중 하나는 꿈이 하나뿐인 인생은 재미없다는 것. 답이 정해진 질문은 인생에 없다는 것.

삶이 우물이라면 이 우물에는 구멍이 하나만 있는 게 아니다. 인생의 어느 순간에 우물로 향하는 또 다른 구멍을 만나게 될지 우리는 알지 못한다.

1. 욕망이란 인간의 본질이 주어진 정서에 따라 어떤 것을 행할 수 있도록 결정된다고 파악되는 한에서 인간의 본질 자체이다.

  욕망은 자신의 의식을 동반한 충동이다. 충동은 인간의 본질이 자신의 유지에 이익되는 것을 행할 수 있도록 결정되는 한에서 인간의 본질 자체이다. 인간이 자기의 충동을 의식하든 의식하지 않든 간에 충동은 동일하게 남아 있다. 욕망이란 인간의 본질이 어떤 것을 행할 수 있도록 결정된다고 파악되는 한에서 인간의 본질 자체라고 말할 수 있다.

  감히 말하건대 욕망이라는 명칭을 인간의 모든 노력, 본능, 충동, 그리고 의지의 작용으로 이해하겠다. 이러한 것들은 세계의 상태와 다르며, 흔히 서로 대립한다. 그리하여 인간은 자신이 향해야 할 곳을 알지 못하게 된다.

2. 기쁨은 인간이 더 작은 완전성에서 더 큰 완전성으로 나아가는 것이다.

3. 슬픔은 인간이 더 큰 완전성에서 더 작은 완전성으로 축소되는 것이다.

―바휘르 스피노자,《에티카》

어려서부터 네덜란드 암스테르담의 유대인 사회에서 천재로 불린 스피노자(1632-1677)는 청년시절 데카르트의 이성주의에 감화되어 이단적인 학설을 연달아 발표해 유대 사회에 큰 혼란을 일으켰고, 결국 동족들로부터 파문을 선고받는다. 당시 그의 학설에 충격을 받은 유대교 신자 중에는 그를 암살하려고 모의하는 자들까지 생겼다.

동족에게서 파문당하는 것을 무릅쓰고 15년에 걸쳐 완성시킨《에티카》는 안타깝게도 스피노자 생전에 출간을 금지당했고, 사후 100여 년이 넘는 시간 동안 지식인들로부터는 네덜란드계 유대인의 무모한 광기라는 핀잔을 들으며 철저히 외면당했다.

스피노자는 평생토록 철학 연구에 몰두했고, 학문이라는 우물을 지키기 위해 렌즈를 갈아 생계를 유지할 정도로 고지식한 사람이었다. 1673년 하이델베르그대학교에서 스피노자를 철학과 정교수로 초빙했을 때도 그는 사상의 자유와 자신의 학문적 성과에 방해가 된다는 이유로 제의를 거절했다. 스피노자는 같은 이유에서 결혼도 하지 않았다. 일반적인 상식으로는 도저히 이해할 수 없는 행동이다. 다행히 스피노자는 광학光學에 조예가 깊어 현미경이나 망원경 렌즈의 전문가였다. 기술로 생계를 유지하는 것은 가능해도 철학 교수 자리와는 비교가 안 된다. 당시에 철학 교수는 명예와 부를 동시에 움켜쥘 수 있는, 그야말로 누구나 한번쯤 꿈꾸는 기회였기 때문이다.

스피노자는 교수직 제의를 거절하며 사상의 자유에 방해가 된다고 말했지만, 교수 자리가 그의 사상에 도움이 되었으면 되었지 방해가 되지는 않았을 것이다. 만약 스피노자가 하이델베르그대학교의 철학 교수로서 《에티카》를 발표했더라면 생전에 빛을 보게 되었을지도 모르는 일이다. 적어도 헤이그 뒷골목의 낡은 다락방에서 추위가 혹독했던 1676년 겨울, 렌즈를 가공하면서 들이마신 유리 가루로 폐결핵을 앓게 되어 고작 마흔넷의 나이에 쓸쓸히 죽어가지는 않았을 것이다. 담요 하나, 모자 두 개, 구두 두 켤레, 속옷, 낡은 여행 가방, 렌즈 연마기와 작은 초상화, 체스판 하나……. 이것이 스피노자가 남긴 유산의 전부였다. 유족들은 유산을 처분해도 경비를 빼면 남는 돈이 거의 없다는 것을 알게 되자 장례식도 거부했다.

그러나 스피노자가 보여준 우물에 대한 확신이야말로 성공하는 사람들의 가장 큰 저력이라고 생각한다. 그는 인생을 바쳐 개척해야 할 철학이라는 우물을 지켜내기 위해 렌즈를 갈며 생계를 유지하는 두 번째 우물을 준비했다. 렌즈 가공 기술 덕분에 풍족하지는 않아도 가난에 시달리지는 않았으며 필요한 책을 사고 철학을 연구하는 데 충분한 돈을 모았다. 스피노자가 하이델베르그대학교의 철학 교수직을 승낙했다면 생계라는 두 번째 우물은 풍족해졌을지 모르나 인생의 목적인 첫 번째 우물은 고갈되었을 것이다. 1년 내내 강의하랴, 대학이 원하는 논문을 발표하랴, 정신없이 살았을 것이다. 또 《에티카》를 완성시켜야 한다는 절박감도 생활의 만족 속에 차츰 잊게 되었을지 모른다.

스피노자는 자신의 삶을 희생시킬 가치가 있는 우물을 발견했고, 이 우물을 지켜내는 데 방해가 된다는 판단이 서자 과감히 결단을 내려 교수직을 거부했다. 그로 인해 살아생전 부와 명성과는 담을 쌓고 외로운 삶을 견뎌내야만 했다. 그리고 스피노자가 그토록 갈급하게 퍼 내려간 우물에서는 여전히 인류의 정신을 적셔주는 생명수가 넘쳐흐르고 있다.

- 정서의 통제와 억제에 대한 인간의 무능력을 나는 예속이라고 한다. 정서에 복종하는 것은 인간이 자신의 권리 아래 있는 것이 아니라 운명의 권리 아래 있으며, 스스로 더 좋은 것을 바라보면서도 더 나쁜 것을 따르도록 강제당하는 것이기 때문이다.

  만일 어떤 사람이 어떤 작품이 완성되지 않은 상태에서 제작자의 의도가 집을 짓는 것임을 알게 된다면 그는 집이 완성되지 않았다고 말할 것이다. 반대로 어떤 사람이 그와 유사한 것을 한 번도 본 일이 없는 어떤 작품을 보게 되었을 때, 제작자의 의도를 알지 못한다면 작품이 완성된 것인지, 혹은 완성되지 않았는지 파악하지 못할 것이다. 이것이 곧 완전과 불완전이라는 의미의 차이다.

사람들은 자기 안에 형성된 보편적인 관념과 일치하는 것처럼 보이는 것을 완전하다고 하며, 비록 전적으로 제작자의 견해에 따라 완성된 것이라고 할지라도 자신들의 개념과 덜 일치하는 것처럼 보일 때는 불완전하다고 말한다.

"내일 세계가 멸망해도 나는 오늘 한 그루의 사과나무를 심겠다"라는《에티카》의 구절처럼 스피노자는 비록 자신이 그 물을 마시지는 못했지만 영원히 고갈되지 않는 우물 하나를 우리들에게 남길 수 있었다.

'생업生業'이라고 하면 우리는 지금 이 순간 내가 서 있는 자리를 떠올린다. 순간을 위해 직종을 선택했기 때문이다. 항상 순간만을 고집하기 때문에 내일 세상이 어떻게 변해버릴지 늘 불안하기만 하다. 생업을 순간이 아닌 깊이를 헤아릴 수 없는 우물이라고 생각한다면 삶을 대하는 자세가 달라진다. 오늘 당장 내가 마실 수는 없더라도 언젠가는 나를 기억해줄 누군가가 마실 수 있다는 믿음 아래 인생을 설계하게 된다. 동일한 환경에서 동일한 학문을 배우고, 동일한 직종에 함께 나아갈지라도 이미 지배당하고 있는 가치관의 시점이 순간과 영원이라는 극단으로 나뉘는 것이다. 이것은 단순히 경제적인 측면에만 국한되는 이야기가 아니다. 명예와 관련된 문제도 아니다. 모든 인간에게 차별 없이 주어지는 인생의 문제다. 스피노자가 이룩한 진짜 성공은 박해 속에서 일궈낸 엄청난 업적보다도 오히려 이 같은 삶의 자세에서 찾아볼 수 있다.

  오늘날 많은 사람이 실리적인 이상을 좇기에 급급하다. 현실적이고, 명백하고, 손실이 적은 에스컬레이터를 찾아 헤매고 있다. 부모가 자녀의 교육에 열을 쏟는 까닭은 좋은 학교에 보내기 위해서, 좋은 학교에 보내고자 하는 이유는 좋은 직장에 취직시키기 위해서다. 그렇다면 좋은 직장에 취직한 후에는 인생에서 무엇을 기대할 것인가. 그 좋은 직장이 죽는 날까지 계속되는 것은 아니다. 허울 좋은 우물의 구멍이 막혀버린 이후에는 무엇으로 인생의 갈증을 해갈해줄 것인가. 하나뿐인 우물을 빼앗긴 뒤에는 너무 늦다.

  스피노자는 실리적이고 계산적인 렌즈 가공 기술자였지만 동시에 그의 철학은 문화와 종교를 아우르는 이상주의적인 성격이 강했다. 이상과 실리라는 인생의 양극단에서 스피노자는 방황하지 않았다. 두 가지 모두가 스피노자에게는 삶에서 건져 올린 소중한 우물이었기 때문이다.

역사를 통틀어 이토록 가혹한 운명을 겪은 철학자는 많지 않다. 그럼에도 스피노자의 철학이 오늘날까지 생존할 수 있었던 힘은 스피노자가 오직 자기만의 이상을 추구하며 발전시켜온 데 있다. 그 배경에 지극히 실리적인, 때로는 기나긴 고행과도 같은 렌즈 가공 기술자로서의 인내와 발전이 있었기에 가능한 성과였다.

스피노자가 그 어느 철학자보다도 성공한 인생으로 기억되는 이유는 인생의 여러 가지 우물과 그 우물들을 조합하고 보존하는 능력이 있었기 때문이다. 스피노자는 분명 행복한 삶을 살았을 것이다. 아무것도 가진 게 없어 보였지만 내면은 풍요로 가득했을 것이다. 자신의 짧은 삶에서 어쨌든 다양한 가능성을 발견하고 두 눈으로 목격하는 기쁨을 누렸을 테니까 말이다.

보상을 바라기 전에
최선의 노력을 다한다

―최명희, 《혼불》

 단 한 사람만이라도 오래도록 내가 좋아하는 일을 하는 모습을 지켜봐주는 것으로 충분하다는 자기만족은 나의 울타리다. 그 울타리 안에서 내가 어떤 모습으로 살아왔는지가 기억된다. 각박한 세상은 평등을 말하지 않는다. 똑같이 노력했는데 성과는 제각각이다. 울타리 밖에서 빛나는 화려한 불빛들에 주눅이 드는 것은 잘못이 아니다. 단지 내가 쌓아올린 울타리의 경계를 지켜내기 위해 헌신하는 노력, 그것이 손가락으로 바위를 뚫는 기적을 만들어낸다.
 세잔은 그림 솜씨를 타고난 화가가 아니었다. 천부적인

재능이 부족했지만 집요한 노력의 반복을 통해 자신의 울타리를 만들어내는 데 성공했다. 고갱은 "세잔은 천재여서 그림을 그린 게 아니다. 그림을 그렸기 때문에 천재가 되었다"라고 고백했다.

나만의 울타리 안에서 펼쳐지는 개인적인 구속, 유혹을 참아내고 질투를 다독이고 긴 시간이 소모되는 동안 기다려줄 줄 아는 의지는 훗날 창조의 에너지, 성공의 에너지로 작용한다. 이와 같은 예를 문학에서도 찾아볼 수 있다. 프랑스의 작가 플로베르에게 문학적 재능이 있다고 한다면 그것은 오직 인내뿐이었다. 플로베르는 하루에 열 시간, 또는 열두 시간씩 책상에 앉아서 원고지를 채워나갔다. 대표작인 《감정 교육》은 무려 5년 동안 하루도 빠짐없이 열두 시간 동안 글을 쓴 결과물이었다. 5년간의 작업이 끝나고 2,300페이지에 달하는 책이 완성되었다. 어느 날 플로베르는 일기장에 다음과 같이 고백했다.

"머리가 돌아버릴 지경이다. 마침내 끝낸 문장 하나를 수없이 다른 방식으로 더듬고, 다듬고, 파헤치고, 뒤집어 보고, 뒤지고, 외쳤다. 목이 불에 덴 것 같다."

이들의 노력이 항상 인정받았던 것은 아니다. 노력한 만큼의 반에 반에도 못 미치는 성적표에 익숙해지기란 쉽지 않다. 그런데 따지고 보면 인류가 이룩한 성취의 역사는 거절의 역사, 실패의 역사, 인내의 역사, 그리고 마침내 정복하여 자기만의 깃발을 꽂은 지루한 투쟁의 역사였다. 인정과 승인을 얻어내기까지 여러 번 거부되고, 간과되고, 거절되고 놀림을 받았던 울타리가 세계적인 베스트셀러로, 길이 남을 예술 작품으로, 시대를 혁신한 발명품으로, 피부색과 언어를 뛰어넘어 감동을 거듭하는 영화와 노래로 재탄생했다.

이러한 사실을 기억한다면 우리가 무언가를 추구하는 과정에서 나타나는 장애물들을 극복할 수 있게 될 것이다. 너무도 많은 사람이 성공으로 가는 과정에서 찾아오는 몇 번의 후퇴로 인하여 목표 자체를 포기해버리고 만다. 이것은 정말 큰 비극이다. 현실적인 인식을 갖추는 동시에 반드시 이루고야 말겠다는 희망찬 신념, 강하고 유연한 자신감, 불굴의 노력이 필요하다.

우리에게도 자신의 생명을 아끼지 않고 그와 같은 성취를 이룩한 작가가 있다. 《혼불》의 최명희다.

> 어채피 여자가 나이 들면 시집이라능 걸 가기는 가얀디, 나는 집도 가난허고, 부모도 멀리 지싱게, 머 부자 혼인은

바라도 못허고, 또 저쪽으서 남자네가 우리보고 가난하다
고, 볼 것 없다고 퇴退나 노면 오도가도 못헐랑가, 매급시
그런 생객이 들대요.

에이, 가 보자. 거가 머이 있능가.

허고는 시집이라고 간 거이요. 긍게.

우리 옥란이가 많이 울었지라우.

내가 더 울고.

아이고오, 그런디, 그 담이 바로 지옥이여.

참말로 나, 누가, 너 시집 안 가면 나 죽을란다고 목을 매
도, 누가 시집가라면 가지 말라고, 나는 도시락 싸들고 댕
김서 말리고 싶어라우. 그 일만 허다가 죽어도 좋겠어어.
어치케나 징그런지.

― 최명희,《혼불》

최명희(1947-1998)의 소설《혼불》을 일컬어 세상 사람
들은 애처롭도록 가냘프고 뜨겁고 강인한 우리 민족의 혼
이 담긴 소설이라고 한다. 1930년대 말, 전라도 남원 땅의
유서 깊은 매안 이씨 문중을 배경으로 무너져가는 종가宗
家를 지켜내고자 치열하게 몸부림쳤던 종부宗婦 삼대를 주
인공으로, 남도의 삶과 정신을 이어가는 이름 모를 백성

들의 때론 천하고 남루할 수밖에 없는 인생들을 형상화한 《혼불》은 책으로는 열 권, 원고지로는 무려 1만 2,000장에 달하는 역작이다. 작가가 서른다섯의 나이에 첫 권을 발표하여 쉰 살이 되어서야 마지막 권을 마무리한 필생의 작품인 동시에 이 마지막 권 또한 진심이 담긴 마지막이 아닌 죽음을 앞두고 어쩔 수 없이 끝마쳐야 했던 아쉬운 결말이었다.

집필하는 동안 종이에 글을 쓰는 게 아니라 마음으로 혼을 새겨 넣는다는 심정으로 글을 대했다는 생전의 고백처럼《혼불》에는 소설을 뛰어넘는 인간의 시작에 대한 물음과 대답이 서려 있다. 어머니에게서 아이가 태어나듯이 땅에 마을이 생겨나고 민족이 일어난다. 장성한 아이가 어머니 곁을 떠나 그 숭고한 희생과 사랑을 잊어버리듯 어느덧 우리는 자라면서 아버지의 아버지, 어머니의 어머니가 눈물 흘리며 피와 땀을 거름 삼아 만들어준 나의 토대를 잊고 살아간다. 우리의 혼이 사라져가는 시대에 오늘의 나를 있게 해주는 것들이 무엇인가에 대한 성찰은 문학에 투신投身한 그녀의 짧은 생에 답이 있다고 하겠다.

15년간《혼불》이라는 작품에 매달리면서 최명희는 교

사라는 안정된 직업을 버렸다. 여자로서는 독신을 감수해야만 했다. 그리고 난소에서 발견된 암이 꽃잔디처럼 온몸으로 전이된 와중에도 펜을 멈추지 않았다. 작품을 끝맺고 2년 후 겨울, 생을 마감하는 순간에도 "거짓이 아닌 글을 썼으니 행복하다"는 고백을 남겼다.

외로웠으나 누구보다 뜨거웠던 최명희의 삶은 지금도 이 땅 곳곳에 새겨져 있다. 딸을 키우는 어머니, 머잖아 어머니가 될 어린 딸들, 추수가 끝나고 겨울을 기다리는 빈 들판과 나락처럼 인파의 그림자가 흩어지는 빌딩들 사이에, 그리고 발전이라는 간판 앞에서도 꺾일 줄 모르는 인간성에 오래전부터 우리를 지키고 키워낸 정직한 땀방울들이 새겨져 있는 것이다. 최명희가 사랑한 남도의 사투리처럼 인간의 혼은 갈고닦음으로써 세월이라는 풍파 앞에서도 지워지지 않는 영원한 생명을 얻게 되리라 믿는다.

해를 거듭할수록 참으로 기가 막힌 청춘의 가뭄들이 슬픈 뉴스로 떠오른다. 하나 이 가뭄은 생각건대 물이 없어 다급해진 갈증만은 아니다. 거북 등짝처럼 갈라 터진 저수지 밑바닥은 오늘의 젊음이 받아들여야 할 울타리 너머의 정서이기도 하다. 그 애달픈 시선들로부터 스스로를 지켜내기 위해 모진 한 세월을 온전히 바친 소설가 최명희의 삶은 꺼지지 않는 등불이 되었다. 그녀의 삶을 우리가 기억해야 하는 이유다.

> 산이 먼저 목말라하면서 그만 뒤미처 둠벙만 한 방죽의 바닥이 갈라져버리는데, 사람들은 거북이 등짝처럼 터지는 방죽 밑바닥을 보고 있으면 심정도 따라서 터지고, 입술이 말라들어 허연 꺼풀이 일어났다.
> 본디, 사액서원賜額書院이었던 매안서원梅岸書院의 서원답書院畓을 경작하는 데 쓰려고 팠던 손바닥만 한 방죽 하나에 의지하여, 여름마다 고초를 겪으면서도 달리 어쩌지 못하고 농사를 지어왔으니, 굳이 농수農水만이라고 할 것인가.
> 마을은 늘 물이 모자랐다.
> 샘 바닥마저도 걸핏하면 뒤집혀 붉은 흙탕물이 되고 말았다.

누구에게나 위대한 미래의 씨앗이 뿌려져 있다. 씨앗을 틔우기 위해 적절한 노력을 기울이지 않는다면, 성숙은커녕 발아도 하지 못할 것이다. 모든 가능한 반대를 먼저 극복해야 한다면 세상에 시도할 만한 노력은 하나도 없다.

프랭클린 루스벨트는 "자신이 기울인 노력을 과신하는 사람을 얕보지 마라"라고 충고했다. 노력은 자부심이라는 엔진에 힘을 주는 연료다. 노력에 대한 자부심이 클수록 우리는 더 멀리 나아갈 수 있다. 어차피 보이지 않는 결과라면 자신의 노력을 조금 높게 평가하는 오류를 범해보는 것도 좋다. 물론 이 오류는 나 혼자서만 간직하는 것이 제일 좋겠다.

스스로에게 계속해서 나는 높은 목표를 달성할 수 있고, 내게는 그만한 가치가 있으며, 나의 노력은 성공을 향해 나아가고 있다는 말을 들려주는 것이 중요하다. 무엇보다도 경쟁자, 혹은 나보다 한 수 위에 있는 사람들만큼 내가 훌륭하고 능력이 있으며, 뒤지지 않는다고 생각해야 한다.

세상에는 두려움과 나태라는 감옥에 구속당한 채로 실제 세상에서는 아무것도 성취하려 하지 않는 몽상가들이 넘쳐난다. 그들의 상상력에는 발동이 걸려 있고 비전은 생생하다. 그러나 그들은 절대로 꿈꾸는 목표를 달성하기 위한 첫발을 내딛지 않는다. 다수의 사람이 목표의 적합성, 언젠가는 목표를 달성하리라는 기대치에 전혀 의구심을 갖지 않는 자신만만한 태도를 보이지만 시간이 지남에 따라 노력은 무의미해지는 듯 보이고 결국에는 원하는 곳의 근처도 가보지 못한 채 중도에 길을 멈춰버리는 경우가 허다하다. 세상에는 행동하지 못하는 사람이 더 많다. 노력에 따른 대가보다 노력했음에도 실패하는 사태에 대한 걱정과 우려가 클 수밖에 없다.

성공에 대한 갈망은 여행을 닮았다. 때로는 어렵고, 때로는 쉽고, 가끔은 금방 끝나버린다. 우리 삶은 노력과 좌절, 기쁨이 어우러진 장기간의 여행이다. 가슴과 마음과 육체의 헌신이 필요한 여정이다. 도전과 승리는 모험을 통해 주어진다. 자신의 인생이 성공하지 못했다고 토로하는 사람 대부분은 여행에 필요한 노력을 충분히 기울이지 않을 것이다. 돈이 부족했다거나, 재능이 모자랐다거나, 학력이 기준치를 넘지 못했다거나, 주위에서 훼방이 극심했다는 말은 변명에 불과하다.

노력한 만큼 보상받지 못했다고 좌절하는 이들, 그러니 노력해봐야 이 불공평한 울타리 밖 세계에서 제대로 된 평가를 받지 못한다고 미리 낙담하는 이들의 공통점은 실패를 계획하지 않았다는 것이다. 진정으로 노력하는 이들, 자신의 노력에 자부심을 갖고 있는 이들은 자신의 노력이 당장은 실패한 것처럼 보이더라도 그것으로 끝이 아님을 알고 있다. 실패한 매듭에서 새로운 실마리가 발견될 것을 믿어 의심치 않는다. 노력의 열매는 성공만이 아니다. 실패 또한 노력을 통해서만 얻어지는 교훈이다.

계획하고 실천하는 것. 살아가는 데 이보다 명확하고 분명한 명제는 없다. 곰곰이 생각해보라. 과연 나는 온전히 계획하고 최선을 다해 실천했는가. 오늘의 내 모습이 그 대답이 될 것이다. 오늘의 나는 나에게 어떤 모습인가. 자부할 만큼 당당한 모습인가, 아니면 들춰지고 폭로될까 더럭 겁부터 나는 숨기고 싶은 모습인가.

우리를
살아가게 만드는 힘

—천경자, 《내 슬픈 전설의 49페이지》

　편견은 영원불멸의 살인마다. 편견은 나의 꿈을 죽이고, 내가 펼쳐냈을지도 모를 변화된 세상을 죽이려 든다. 나의 목숨을 앗아가겠다는 목적이 달성될 때까지 포기를 모르고 나의 뒤를 추적하는 집요함이 편견의 특성이다.

　목숨이라는 단어에 물리적인 의미만 담겨 있는 것은 아니다. 나의 생명이 연장되어야 할 이유, 나라는 분신에 젖어 있는 산다는 것의 의미는 피와 살에만 있는 것은 아니다. 생명의 원천은 '나'라는 생업이고, 피와 살을 지닌 나의 목숨은 그 분신에 지나지 않는다. 섬뜩한 진리다.

　그래서 편견은 가장 큰 위협이다. 편견은 내 안의 피와 살이 아닌, 피와 살에 담긴 나의 의미, 나의 원천을 말살하려 들기 때문이다.

편견의 위협 앞에서 우리에게 제시되는 선택지는 두 가지다. 편견에 살해당하기 전에 스스로 자기 자신의 잠재된 능력을 포기하고 편견으로부터 용서받은 자들 중 일부가 되어 부속품의 하나로 남는 것, 나머지 하나는 이단아가 되어 속세라는 스펙트럼의 형용사가 따라붙지 못할 만큼 저 멀리 떠나버리는 것이다.

후자의 길은 비틀즈가 부른 〈더 롱 앤드 와인딩 로드The Long and Winding Road〉의 지긋지긋한 후렴구를 닮았다. 그 길은 멀고, 비바람이 몰아치며, 때론 아무에게도 인정받지 못하는 고독과 함께할 가능성이 높다. 하지만 그곳에는 진정한 내가 있으며, 설령 그 길고 외로운 싸움 끝에 쓰러져 패배자로 낙인찍히게 될지언정 가슴속에는 미련이나 후회가 남지 않는다.

투쟁의 경험 없이는 전투력이 상승하지 못한다. 강력한 적과의 맞닥뜨림이 우리 삶에 무한한 에너지를 주고 베일에 싸인 능력을 개발시켜준다. 엘리베이터는 빌딩 꼭대기로 나를 데려다줄 수는 있어도, 사람의 발길을 쉽사리 용납하지 않는 험한 산기슭의 충만한 생명력과 내 힘으로 도착했다는 성취감을 맛볼 기회를 제공해주지는 못하는 것이다.

그런 의미에서 우리를 괴롭히는 편견은 우리의 꿈을 실현시켜주는 도구가 되기도 한다. 비록 이 세상에는 편견을 극복하고 성공한 이보다 편견에 지쳐 굴복한 이들이 훨씬 많지만, 어차피 부딪혀야 할 편견과 오해와 의심 어린 시선이라면 고개를 숙이고 납작 엎드리느니 이 짧은 찰나의 생애를 전심으로 내던져 태풍 한가운데로 뛰어 들어가는 것도 방법이 될 수 있다. 천경자처럼 말이다.

> 나는 지금 나의 인생 전부의 어느 선에 서 있는지 모르나 지나간 날을 생각해보니 별로 후회할 일도 없이 무던히 살아왔다는 자부를 갖는다. 나의 과거를 열심히 살게 해준 원동력은 '꿈'과 '사랑'과 '모정母情'이라는 세 가지 요소였다고 생각된다. 꿈은 그림과 함께 호흡을 해왔고, 꿈이 아닌 현실로서는 늘 내 마음속에 서식을 해왔다. 그리고 이것을 뒷받침해 준 것이 사랑과 모정이었다. '영원히 미완성이 될지 모를 꿈을 향해' 쓰라린 고배와 불운을 감수해야 하기도 했었다.
>
> ─ 천경자, 《꿈과 바람의 세계》

대한민국을 대표하는 화가 천경자(1924-2015)는 머나먼 이국땅 뉴욕에서 뇌출혈로 남몰래 투병하다 쓸쓸히 세상을 떠났다. 그녀가 이룩한 화가로서의 명예, 여성의 사회적 지위가 오늘날과는 비교가 안 될 만큼 초라한 위상에 머물렀던 수십 년 전부터 진취적인 여성의 표본으로 이 땅에서 여성이 보여줘야 할 기상을 대표했던 과거를 떠올린다면 허무하다 못해 두렵기까지 한 말년이었다. 더구나 그 과정이 너무나도 잔인하고 퇴폐적이었다. 세간을 떠들썩하게 한 '미인도 사건'이 바로 그것이다. 천경자 본인이 그리지 않았다는 위작을 화단과 정부가 나서서 그녀의 그림으로 둔갑시켰다. 거짓을 진실로 편입시키기 위해 권력은 천경자를 이제는 늙어 노망이 나 자신이 그린 그림도 못 알아보는 피폐한 예술가로 전락시켰다.

  천경자에게서 생의 마지막 끈인 붓과 화폭을 빼앗아가고 사랑하는 조국에서 낯선 하늘 아래로 추방시킨 '미인도 사건'은 그녀를 망가뜨리려 발톱을 세우고 달려들었던 수많은 편견과 위협 중 하나였다. 천경자는 마지막까지 천경자답게 멀고 험한 길을 택했다. 권력이 내민 손길을 뿌리치고 그녀가 일생을 바쳐온 존재의 가치를 지켜낸 것이다. 가짜를 진짜로 강요하는 조국에서는 더 이상 그림을 그리고 싶지 않다며 절필을 선언, 죽는 날까지 모든 연락을 끊고 철저한 고립을 선택했다. 나를 잃고 세상 꼭대기에서 호의호식하느니 혼자가 되어 절망의 밑바닥을 뒹굴고 말겠다는 담대함이야말로 천경자를 천경자답게 만들어준 본연의 힘이었다.

  육이오전쟁의 포화가 이제 막 그친 1950년대의 황폐한 한국 문화계에서 천경자는 젊은 날 그녀가 그렸던 뱀처럼 언제나 낯설고 꺼려지는 존재였다. 스무 살 어린 나이에 집안에서 정해준 남자와 결혼한 천경자는 2년 만에 무능한 남편의 폭력에 질려 홀로 딸을 키우며 화가로서의 독립을 결행한다. 그 결심에 화답하듯 현실은 질기고 기나긴 가난뿐 아니라 여자는 화가로 성공할 수 없다는 보이지 않는 억압과 시샘을 그녀에게 선물했다. 이에 천경자는 불의에 맞서는 상징으로 담배를 입에 물고 큰 키를 휘적거리며 풍성하게 곱슬한 머리카락을 늘어뜨린 특유의 이미지를 발산하며 눈빛이 짙고 원색인 여인들을 화폭에 담아내는 것으로 대항했다.

  그러나 동료 화가들 사이에서 대놓고 따돌림을 당하는 등 속수무책으로 무너져 내리는 자존심을 내버려뒀다간 더 이상 살아갈 용기가 생기지 않을 것 같다는 두려움이 생활을 정복해나가는 걸 막아내지는 못했다. 어느 날 천경자는 발작처럼 뱀을 그리기 시작한다. 그림 속에 수십 마리의 뱀이 똬리를 틀고 있거나, 젊은 여인의 늘어뜨린 머리카락이 전설 속 메두사처럼 꿈틀거리는 독사들로 가득한 작품을 연이어 발표한다. 징그러운 뱀이라도 무더기로 그리지 않고서는 목숨을 이어나갈 자신이 없었던 것이다.

앞이 보이지 않는 막막한 현실의 벽을 잊게 해준 것은 치열하게 뱀을 그리는 행위 그 자체였다. 살아가기 위해, 스스로 목숨을 끊지 않기 위해 천경자는 천장에 고드름이 맺히는 차가운 월세방에서 끝없이 붓을 놀렸다. 그녀의 나이도 어느덧 마흔을 바라보고 있었다.

마침내 그녀의 붓은 편견과 위협을 극복해낸다. 천경자의 피를 토하는 작품에 세상이 움직여준 것이다. 어느덧 그녀의 손길에서 여인의 머리를 장식하는 독사의 붉은 눈빛이 사라지고 화려한 색감의 꽃들이 피어나기 시작했다. 더불어서 천경자의 삶 또한 예술가로서 피어나기 시작했다.

삼면이 바다로 둘러싸인 전라남도 고흥에서 태어난 그녀에게 삶은 유년기부터 지겹도록 마주한 바닷가 절벽 같았다. 하지만 천경자는 그 너머에서 넘실거리는 대해大海

의 존재를 망각하지 않았다. 스스로 절벽 위에서 뛰어내려 넘실거리는 파도에 몸을 맡겼다. 두 팔과 두 다리를 힘차게 내저어 자신이 선택한 해안에 닿을 수 있으리라 믿었기 때문이다.

> 물감을 으깨고 붓을 놀리고 하는 것이 나의 일상생활이니 노상 꿈을 파먹고 산다고 할 만도 하다. 웬일인지 해가 갈수록 성미가 더 꼼꼼해져서 한 작품을 완성하기까지는 무던히도 맴돌고 헤매어야 한다. 나의 타고나지 못한 비천재非天才의 탓을 한탄도 해보지만 그러나 나일론 깔깔이같이 기계에서 쉽게 다량으로 쏟아져 나온 것보다는 누에가 뽕을 먹고 자라 실오라기를 뿜어내어 누에고치가 되어 명주나 비단에 짜여 나오는 식으로 모체의 태반 냄새가 나는 것이라야 한다고 나는 늘 자위해보는 것이다.
> ─천경자, 《사랑이 깊으면 외로움도 깊어라》

천경자는 편견으로부터 도망치지 않았다. 아비 없이 자라야 할 딸에 대한 모정母情이, 화가로서의 꿈이, 수필가로서의 재능이 그녀의 고되고 외로운 삶을 위로하는 안내자가 되어줬다. 그림을 그리고 수필을 쓰면서 그녀는 인내하는 법을 터득했다. 맞서 싸우다가 쓰러지는 것만이 전부는 아니었다. 때로는 고통과 슬픔을 속으로 삭일 줄도 알게 되었다. 그 아팠던 시간들로부터 글과 그림이라는 열매를 수확해 인생이라는 세계를 채워나가는 데 성공했다.

내면을 채워 결실을 보게 되면서 그녀를 따라다니는 차가운 시선들과 여자는 절대로 안 된다는 비난이 더 이상 아프지 않았다. 어느새 그녀의 그림에 등장하는 여인들은 고흥의 파도를 닮아 녹색을 띠기 시작했다. 여인들의 머리카락은 고흥의 바람을 닮아 투명하게 빛났다. 그녀는 딸의 인생, 아내의 인생, 며느리의 인생, 어머니의 인생만을 강요했던 고흥의 지독히도 푸른 들판과 끝도 없이 펼쳐진 막막한 바닷물을 아주 오래전부터 사랑해왔음을 깨닫게 되었다.

천경자의 그림 속 여인들은 갓난아기를 품에 안은 어머니가 아니다. 머리에 보따리를 이고 있는 전형적인 우리네 여인의 삶은 천경자의 그림에서 찾아볼 수 없다. 순백의 옷을 입고 입가에 한껏 웃음을 띠며 화폭을 바라보는 아름다운 소녀도 없다. 대신 꽃으로 치장하고 자신을 있는 그대로 바라봐주기를 간절히 원하는 여성의 눈동자가 가득할 뿐이다. 그 검은 눈동자가 우리의 깊은 곳을 바라보고 있을 뿐이다.

  천경자는 쉰둘에 발표한 수필집 제목을 《내 슬픈 전설의 49페이지》라고 이름 짓는다. 여자로서 살아온 49년의 한 맺힌 시간들을 새삼 뒤돌아보니 한 장, 한 장이 각각의 전설을 담고 있는 소중한 삶의 페이지였음을 깨닫게 되었다는 뜻이다. 편견을 딛고 전설이 된 그녀의 삶에 더없이 어울리는 외침이 아닐 수 없다.

> 바람은 불어도 좋다. 어차피 부는 바람이다. 어디서 일어 어디로 가는지 모르는 바람들. 그 위에 인생이 떠 있는지도 모른다.
>
> 내가 믿는 신은 한 인간이 어느 만큼이나 열렬하게 자기 삶을 사랑하느냐에 따라 존재하기도 하고, 그 운명의 문은 열리리라고 믿는다.
>
> 담배를 피워 물고 긴 한숨을 내리쉬며 거울에다 연기로 '자유自由'라고 쓴다.
>
> ─ 천경자, 《내 슬픈 전설의 49페이지》

오늘이 고단한 건
다 밥벌이 때문이다

직업이라는 빈집을
떠나지 못하는 이들에게
바치는 위로

―기형도, 〈빈집〉

　하고 싶은 일이 없다는 청춘보다 하고 싶은 일이 있어도 도전할 여건이 되지 못해 포기한다는 청춘이 더 많다. 사람의 운명을 결정짓는 것은 결국 환경이라는 토대. 인간은 환경의 지배를 받을 수밖에 없다. 환경을 극복한다는 것, 환경에 맞서 자신을 증명해낸다는 것은 너무나도 어려운 일이다. 얼마나 많은 사람이 환경 때문에 자신을 희생시키고 단지 생존을 목적으로 살아가고 있는지 모른다.
　나의 젊은 날 역시 다르지 않았다. 스무 살에 나는 소설가를 꿈꾸었다. 대학에서 문학을 좋아하는 친구들을 사귀어 동인회를 만들었고, 몇 날 며칠 밤을 지새우며 완성한 단편소설은 김동리 선생의 심사를 앞두고 있었다. 나는 소설가라도 된 것처럼 들떴다. 그리고 갑자기 전쟁이 터졌다. 대학도, 소설가도 그것으로 끝이었다. 일순간에 무너져버린 세계는 나에게 어른으로서 책임져야 할 몫을 요구했다. 나는 장남이었고 내게는 전쟁으로 무너져버린 집안의 기반을 책임져야 할 의무가 있었다.

  돈을 벌기 위해 기자가 되었다. 오로지 돈을 벌기 위해 40년 가까이 직장을 떠돌았다. 스무 살에 꾸었던 소설의 꿈은 일흔이 넘은 나이에 내가 쓴 책이 서점 매대에 이름을 올리는 것으로 얼추 이루어졌다. 50년 넘게 내 안에서 갈등해온 현실과 이상, 꿈과 생활이라는 간극 사이에서 기다린다는 것, 한편으로는 버텨내면서도 본래의 나를 망각하지 않는다는 것은 고되고 힘겨운 싸움이었다. 현실에서 꿈을 상기하기란 나처럼 재능 없는 자들에겐 고역이다. 마찬가지로 꿈속에서 현실의 비릿한 냄새를 지워낸다는 것은 나의 미숙한 양심이 허용하지 못했다. 나는 아들이며, 남편이고, 아비였다. 그 책임을 앞지를 수 있는 꿈은 없었다.

사랑을 잃고 나는 쓰네

잘 있거라, 짧았던 밤들아

창밖을 떠돌던 겨울 안개들아

아무것도 모르던 촛불들아, 잘 있거라

공포를 기다리던 흰 종이들아

망설임을 대신하던 눈물들아

잘 있거라, 더 이상 내 것이 아닌 열망들아

—기형도, 〈빈집〉

　시인 기형도(1960-1989)의 삶은 비극이었다. 그는 기다리지 못했고 버텨내지 못했다. 그가 기다리지 못한 것들 중에는 시인으로서 그가 이루고자 했던 꿈도 포함된다. 그는 죽은 후에야 유명한 시인이 되었다. 살아생전에는 그가 시인임을 아는 이가 매우 적었다. 한 권뿐인 시집도 유고遺稿다. 그토록 많은 이가 즐겨 읽는 그의 시집을 정작 본인은 손에 들지 못했다.

　1987년 신촌 뒷골목에서 기형도를 처음 만났다. 계절은 기억나지 않는다. 중앙일보 문화부에 글 잘 쓰는 기자 후배가 있다는 소문을 듣고 얼굴이 궁금해서 대폿잔이나 나눠볼까 싶어 불러냈다. 알고 보니 정식으로 등단까지 한 시인이었다. 우리가 그보다 한참 선배였음에도 거침이 없이 밝게 굴었다. 유년기에 드리워진 아픈 가난과 20대 후반의 젊은 나이에 가족의 생계를 책임지고 있다는 무게감 등이 느껴지지 않을 만큼 순수하고 귀여웠다.

기형도는 원래 신문기자가 될 생각이 없었다고 말했다. 그저 공부를 잘했을 뿐이고, 좋아하는 글을 써서 가족의 생계를 책임져야 했던 그에게 기자라는 직업은 일종의 도피처였다고 했다. 3남 4녀 중 막내였지만 어려서부터 명석한 두뇌와 착한 심성에 가족 모두가 그에게 기대를 걸어왔기 때문인지 젊은 나이임에도 골수까지 지쳐버린 늙은이 같았다. 스물일곱 청년의 눈에서는 생기가 느껴지지 않았다.

기형도의 부친은 이북에서 내려온 피난민이었다. 육이오 때 월남하여 연평도에 터를 잡았다. 간척 사업에 뛰어들었다가 막심한 손해를 본 후 쫓기듯 경기도 시흥으로 이주했다. 기형도가 대여섯 살 무렵이었다고 한다. 시흥에서 자리 잡고 얼마 안 되어 부친은 과로가 겹쳐 뇌졸중으로 쓰러졌다. 어머니와 누이들이 무 농사를 지어 장에 내다 판 돈으로 근근이 살아갔다. 손위 누나는 신문 배달한 돈으로 기형도에게 참고서와 좋아하는 책을 사주었다. 어린 나이에도 그렇게 힘들여 번 돈으로 학교에 다니는 것이 부끄럽고 미안했다. 소년 기형도는 남의 집 밭으로, 공장으로 일 나간 어머니와 형제들을 기다리며 의식을 잃고 누워 지내는 부친 곁에서 빈집을 지켰다. 아무것도 채워지지 않은 텅 빈 공간은 그가 처음으로 인식한 삶의 형태였다.

  고등학교를 수석으로 졸업한 뒤 사학 명문인 연세대학교에 장학금을 받고 입학해서도 기형도의 불안한 삶은 달라지지 않았다. 그는 늘 자기보다 큰 부담을 안고 살아갔다. 하루빨리 대학을 졸업해 번듯한 직장을 얻어 판잣집으로부터 탈출하고 싶다는 욕망, 그리고 더 깊은 곳에서는 오래전에 싹튼 시인으로서의 삶을 동경했다. 기형도는 첫 번째 명제를 택했다. 제대로 된 직장을 얻어 집안을 일으켜주리라는 여섯 식구의 한없는 기대감에 청춘은 막막한 현실에 꿈이 아닌 몸부터 내던져야 했다. 그는 아무도 챙겨주지 않는 녹슨 나사못이 되어 적성에도 맞지 않는 대학 생활을 힘겹게 버텨냈다.

  버텨낸다는 건 사실 좋은 의미가 아니다. 쓰러져야 할 때를 모르고 강제로 서 있다간 두 번 다시 일어설 수 없을 만큼 망가져버린다. 대학 동기들은 사람들 앞에서 노래 부르기를 좋아하는 순수한 청년과 도서관에서 두문불출하며 플라톤만 읽어대는 완고한 외톨이를 오가는 기형도를 이해하지 못했다. 누군가는 그런 시인을 성격파탄자라고 불렀다. 인생에 놓인 불안과 위기감을 혼자 삭이며, 그럴수록 황폐해져가는 내면에 실망하는 청춘을 본인 말고는 아무도 이해해주지 못했다. 대학을 졸업하고 수학 공식처럼 신문사에 입사한 기형도는 주변 사람들이 모두 인정하는 전형적인 모범생, 미래가 창창한 젊은 인재였지만, 실상 본인은 자신이 향유할 수 있는 삶의 순간들이 끝나가고 있음을 절감했다.

그도 나처럼 가난한 식구들을 먹여 살리기 위해 기자가 되었다. 기쁨은 없었다. 적응하지 못했다. 예민한 감수성은 독재 정권 밑에서 시키는 대로 기사를 쓰는 것이 죽기보다 싫었다. 하지만 그는 집안의 희망이었다. 열심히 살아가려고 노력했다. 노력은 그 나름대로 의미가 있고 보람되었지만 그렇다고 행복이 되어주지는 않았다.

술자리에서는 자주 노래를 불러 사람들을 재미있게 해주었다. 시를 써서 원하는 대로 등단도 했다. 기자인 동시에 촉망받는 시인이 되었다. 그래도 만족하지 못했다. 정말 하고 싶은 일을 하며 살 수 없다는 자괴감, 가난과 운명 같은 것들에 좌우될 수밖에 없는 삶이 조금씩 더 부담스러워져 비관하게 되었다. 무엇보다도 기형도에겐 가족의 기대를, 외부의 기대를, 사람들의 기대를 저버릴 용기가 없었다. 그는 늘 바른 길로, 남들이 기대하는 길로 나아가야만 했다. 겉보기에 그는 차가워졌고, 속에서는 불이 끓어올랐다. 그를 둘러싼 시대, 그를 둘러싼 여건, 그가 자신에게 기대하는 희망과 성실함이 그에겐 돌이킬 수 없는 모순이 되어 세상은 불확실한 것투성이이며 그런 세상을 살아가는 자신 또한 흐릿하게 사라져가는 낯선 존재라고 느끼게 했다.

 그날 술자리에서 시집을 내야 되지 않겠느냐고 물었다. 준비는 되었으나 문화부 기자라는, 어찌 보면 남들 눈에 권력처럼 보일 수도 있는 자기 입장이 마음에 걸려 망설이는 모습이었다. 어렵게 자라서인지 그는 유난히 남의 시선을 의식하고, 또 자기의 행동이 상식에 어긋나지 않는지 늘 예민하게 신경 썼다. 나중에 다시 만나기로 하고 용돈을 몇 푼 쥐여줬다. 덥석 받으며 잘 쓰겠다고 웃는 얼굴이 마지막이었다.

 다음에 들린 그에 관한 소식은 이른 봄날 새벽 무렵 종로의 어느 심야 극장에서 죽은 채 발견되었다는 부고였다. 기다렸던 시집도 그가 죽고 난 이후에 출판되었다. 스물아홉 짧은 생애 동안 그는 가난과 병든 부친과 막내인 자신을 공부시키고자 청춘을 희생한 두 형과 네 누나가 거는 기대에 부대껴왔다. 가족 모두가 일 나가고 떠난 빈집에서 소년은 시를 쓰며 살아왔다. 시인이 되고자 했던 유일한 소망마저 소년이 세상을 떠난 뒤에야 이루어졌다. 오늘날까지 그의 대표작으로 사랑받고 있는 시 〈빈집〉의 마지막 구절을 읽을 때면 기형도의 영혼이 아직도 빈집에 갇혀 떠날 줄을 모르는 것만 같아 마음이 서글프다.

 장님처럼 나 이제 더듬거리며 문을 잠그네
 가엾은 내 사랑 빈집에 갇혔네

생전에 기형도가 쓴 기사 중에 기억나는 것이 있다. "여기는 우리의 땅이다. 땅은 흙의 희망이다. 우리는 인생을 떠날 수 없다." 인생이 빈집처럼 텅 비어가는 세태 속에서 우리는 무엇에 기대어 살아간다는 이 부질없는 쳇바퀴를 이겨낼 것인가. 기형도의 삶이 정답은 단지 정답일 뿐, 절대적인 진실은 아니라는 것을 말해주는 듯싶어 회의하게 된다.

어린 기형도는 여름 뙤약볕 속에서도 열무 밭에 나가

품을 파는 어머니를 사랑했다. 어머니가 돌아오실 그 빈집을 추억했다. 그리고 빈집처럼 우리 곁을 떠났다. 우리는 그가 남긴 〈빈집〉이라는 시를 읽으며 삶은 가져오는 게 아니라 두고 가는 것임을, 채우는 과정이 아니라 비우는 과정임을, 그래서 기쁠 때보다 슬프고 허무할 때가 더 많음을 깨닫는다.

  사람은 떠나갔어도 사람이 살았던 인생의 순간들, 누군가를 향한 사랑은 텅 빈 채로 남아 있다. 우리네 삶도 머잖아 그러하리라는 것을 알고 있기에 이 삶이 더욱 가볍게 느껴지는 시 한 편이다. 이 가벼움에 기형도처럼 지쳐가지 않기를 기도해본다.

유혹에 빠지는
이유

―서정주, 〈자화상〉

　육이오전쟁이 끝난 후 해군에서 제대해 복학했다. 대학 동기들 중 전쟁터에서 살아 돌아온 친구는 반도 되지 않았다. 스물여섯에 학교를 졸업하고 첫 직장으로 '동화통신'이라는 언론사에 입사했다. 나라가 두 동강이 나서 쑥대밭이 된 처지였다. 기자라는 명함에 내 이름 석 자를 새겼다는 사실만으로도 행복했다.

　그러나 행복은 얼마 가지 않았다. 월급이 제때 나오지 않았던 것이다. 그래도 다들 열심히 기사를 썼다. 이유는 딱 하나. 폐허가 된 조국에서 진실을 가려내고 보도하겠다는 사명감 때문이 아니었다. 기사 좀 쓴다고 인정받아

당시 월급이 제일 높았던 '서울신문'이라는 대형 언론사로 스카우트되고 싶어서였다. 당시 서울신문은 이승만 정부 기관지나 다름없었다. 정부가 뒤를 봐주는 곳이어서 월급이 두둑했다.

밤낮없이 취재해서 열심히 기사를 쓴 노력을 인정받게 되었는지 꿈에 그리던 서울신문에서 스카우트 제의가 왔다. 어찌나 기쁘던지 외상으로 탕수육을 시켜 가족들과 조촐하게 잔치를 벌였다. 4.19 혁명이 일어나기 얼마 전이었다.

서울신문으로 이직하는 내 머릿속에 사명감이라는 단어는 애저녁에 지워진 지 오래였다. 제일 먼저 진실과 대면할 수 있다는 자부심도 필요 없었다. 나는 돈을 벌어야 했다. 회사는 월급을 주는 조건으로 거짓을 꾸며대도록 요구했지만 헐벗고 굶주린 가족의 생계를 책임질 수만 있다면 양심과 진실은 내게 쌀 한 톨 던져주지 않는 제비 박씨와도 같았다. 어느덧 서른 살이 된 내 인생은 언제 열릴지도 모르는 제비의 박씨를 기다려줄 여유가 없었다.

서울신문에 입사해서 내가 썼던 기사들은 민주화를 열망하는 대학생 뒤에 북괴의 공작이 있다는 것, 이승만 대통령은 독재자가 아니라는 것, 세상이 점차 나아지고 있다는 것, 그러니 제발 입 다물고 가만히 있으라는 것이었다. 아무리 돈을 보고 시작했다지만 부끄러움을 이기기는 어려웠다. 나는 돈을 물 쓰듯 썼다. 이번 달 월급을 받으면 다음 달 월급날이 오기 전에 다 써버려야 한다고 생각했다. 그렇게 매일 술 마시러 다니고, 데이트하고, 옷을 사서 꾸며 입어도 내 자신이 자랑스럽지 않았다. 행복하지도, 기쁘지도 않았다. 남들은 모두 젊은 나이에 잘 풀렸다며 부러워했지만 왠지 모를 두려움이 있었다. 나의 이 거짓되고 치졸한 선택의 뒷면에 가려진 이기심과 욕망이 만천하에 드러나 손가락질당하고 비난받게 될지도 모른다는 두려움이었다.

  4.19 혁명 날에 교복 입은 어린 학생들이 서울신문 본사로 쳐들어왔을 때, 나는 두려움에 떨며 나와 같은 두려움을 공유하는 동료들과 함께 경찰들이 굳게 잠가놓은 정문을 활짝 열고 시위대에 합세했다. 그렇지만 내가 진실보다 이익을 선택했다는 것, 물질적인 윤택함을 위해 부끄러운 기사를 썼다는 것은 그로부터 60년 가까운 세월이 흘렀음에도 여전히 수치와 아픈 기억으로 남아 있다. 매년 4월이 되면 나는 잠을 잘 이루지 못한다. 내가 덮으려 했던 거짓의 편린들이 떠올라서다.

애비는 종이었다. 밤이 기퍼도 오지 않았다.

파뿌리같이 늙은 할머니와 대추꽃이 한 주 서 있을 뿐이었다.

어매는 달을 두고 풋살구가 꼭 하나만 먹고 싶다 하였으나… 흙으로 바람벽 한 호롱불 밑에

손톱이 깜한 에미의 아들.

갑오년이라든가 바다에 나가서는 도라오지 않는다 하는 외할아버지의 숯 많은 머리털과

그 크다란 눈이 나는 닮었다 한다.

스믈세햇 동안 나를 키운 건 팔할이 바람이다.

세상은 가도 가도 부끄럽기만 하드라

어떤 이는 내 눈에서 죄인을 읽고 가고

어떤 이는 내 입에서 천치天痴를 읽고 가나

나는 아무것도 뉘우치진 않을란다.

찰란히 티워오는 어느 아침에도

이마 우에 언친 시의 이슬에는

몇 방울의 피가 언제나 서꺼 있어

볓이거나 그늘이거나 혓바닥 느러트린

병든 숫개만양 헐덕어리며 나는 왔다.

―서정주, 〈자화상〉

    서정주(1915-2000)도 나처럼, 아니 나 이상으로 배가 고팠을 것이다. 20대 초반에 《화사집》이라는 시집으로 화려하게 등장했지만 시인에게 가난은 숙명과도 같은 천벌이었다. 밤새껏 시 한 편을 쓰고 새벽녘 찬술로 목을 적시고 나면 남의 시를 대신 써주는 일과들이 산더미였다. 그에게 술 한 잔, 밥 한 끼 사 먹을 돈은 자신의 피와 살을 녹여 쓴 시 한 편이 아닌, 회갑을 맞이한 부잣집 마나님에게서 부탁받은 싸구려 축시(祝詩) 한 편에서 나왔다.

    처절하리만큼 잔인한 가난은 젊은 시인에겐 견디기 어려운 지옥 같은 날들이었다. 목숨이 붙어 있어야 시도 쓰는 법이다. 굶어 죽게 생긴 판에 문학이며, 꿈이며, 감동이라는 것이 다 무엇인가. 서정주는 미쳐버리기 일보 직전이었다. 환각이 보이고 헛소리가 들리기 시작했다. 염려한 친구들이 병원에 입원시켰지만 병원비가 모자라 치료도 받지 못하고 쫓겨났다. 어렵사리 돈을 꿔 마련한 허름한 여관방에 지친 몸을 누일 때마다 불에 타 죽으라는 소리가 귓가를 두들겨댔다. 소태같이 쓴 가문 날들이었다. 서른을 앞둔 서정주의 머릿속에는 오직 죽고 싶다는 일념과 이대로 가다간 정말 죽어버릴지도 모른다는 공포뿐이었다.

그 길고 긴 생활고의 공포를 딛고 마침내 서정주는 매일신보에 시 한 편을 발표한다. 제목은 '마쓰이 히데오 오장 송가'.

마쓰이 히데오!
그대는 우리의 오장, 우리의 자랑
그대는 조선 경기도 개성 사람
인 씨의 둘째 아들 스물한 살 먹은 사내

마쓰이 히데오!
그대는 우리의 가미가제 특별 공격대원
귀국대원

우리의 동료들이 밤과 낮으로
정성껏 만들어 보낸 비행기 한 채에
그대 몸을 실어 날았다간 내리는 곳
소리 없이 벌이는 고흔 꽃처럼
오히려 기쁜 몸짓 하며 내리는 곳

쪼각쪼각 부서지는 산더미 같은 미국군함

우리의 땅과 목숨을 뺏으러 온
원수 영미의 항공모함을
그대 몸뚱이로 내려져서 깨었는가
깨뜨리며 깨뜨리며 자네도 깨졌는가

장하도다
우리의 육군항공 오장 마쓰이 히데오여
너로 하여 향기로운 삼천리의 산천이여
한결 더 짙푸르른 우리의 하늘이여

―서정주, 〈마쓰이 히데오 오장 송가〉

    서정주의 선택은 친일이었다. 이 시를 썼을 때 서정주는 스물아홉 살이었다. 자기처럼 부당한 현실에 짓눌려 억압받는 동시대 젊은이들에게 서정주는 가미가제 특공대원이 되어 미군의 항공모함에 뛰어들어 죽으라고 독려했다. 그 대가로 부와 명예를 얻었다. 시가 떠오르는 새벽마다 굶주림을 두려워하지 않아도 되었으며, 배부른 자들을 질투하지 않아도 되었다. 양심과 진실을 버리고 얻은 상금은 충분히 달콤하고 아름다웠다.

이 시기는 서정주 인생에서 절정이었다. 더 이상 생활고를 걱정하지 않아도 된다는 안도감에서였는지 예술적 가치가 높은 대표작들이 연이어 쏟아졌다. 시에 대해 강연하는 곳마다 사람들이 구름 떼처럼 모였으며, 그가 발표한 시들을 싣기 위해 잡지사들이 줄을 섰다. 그는 식민지 조선에서 최고의 시인이 되었다.

하지만 그렇게 얻은 영광은 오래가지 않았다. 지긋지긋한 가난에 내버렸던 조국에 독립이 찾아온 것이다. 일생의 비난을 감수하고 붙든 영광과 성공을 서정주는 이대로 빼앗기고 싶지 않았다. 살아남기 위해 다시금 미군정에 협력했고, 미군정이 물러난 뒤에는 독재 정권에 적극 협조하며 문학계를 아우르는 권력을 유지하는 데 성공했다. 1980년 봄날에 자신의 고향 전라도 광주에서 대살육이 자행되었을 때, 서정주는 살육의 배후에 도사리고 있는 전두환 당시 대통령을 향해 '단군 이래 최대의 미소'라는 극찬을 날렸다. 그에 대한 보답으로 서정주는 '단군 이래 최대의 시인'이라는 타이틀을 얻게 되었다.

서정주는 우리나라 역사에서 가장 시를 잘 쓴 사람이다. 스무 살부터 시를 쓰기 시작해 60년 가까이 발표하는 시마다 극찬을 받았다. 교과서에도 그의 작품은 빠지지 않는다. 시인으로서 그가 이룬 예술적 성취는 당분간 누구도 뛰어넘지 못할 것이다.

그러나 서정주의 시는 입술에 어리는 시어만큼이나 부푼 감동을 불러오지는 못한다. 그가 살아온 내력, 시인의 영혼이 선택한 부끄러운 이기심이 그가 남긴 시들에서 생명력을 앗아가고 말았다. 이는 서정주가 살아서도 겪은 일이었다. 일본이 망하고, 미군정이 물러나고, 독재정권이 사라지자 서정주는 그동안 누려왔던 영광만큼이나 참혹한 비난과 모욕을 죽는 날까지 곁에 두고 아프게 곱씹어야만 했다. 그렇게 '단군 이래 최대의 시인'으로 불렸던 서정주는 '우리나라 최대의 시인이 부끄럽다'는 세간의 비난을 받으며 쓸쓸히 몰락해갔다.

가난은 무서운 것이다. 가난은 타고난 살결과 마음씨를 여지없이 망가뜨릴 수 있다. 가난은 순수를, 열정을, 꿈과 진실을 얼마든지 무너뜨릴 수 있다. 오직 가난하다는 이유 하나만으로 최소한의 인간다운 삶조차 박탈당하고 있는 사람이라면 더더욱 그렇다.

서정주는 굶주림에 대한 염려 없이 시를 쓰기 위해 친일을 하고 독재의 편에 섰다. 그 결과, 서정주의 삶이 서정주의 시를 무너뜨렸다. 그릇된 삶이 먼 훗날 인생의 결과마저 그릇되게 만든다는 진실은 역사가 보여주는 필연적인 법칙이다. 세상의 선두에 서서 모두의 선망을 받으며 승승장구하던 인물들이 그깟 돈 몇 푼에 무너져 내리고, 사사로운 인연에 얽매여 돌이킬 수 없는 실수를 저지른다. 그런 참혹한 결과는 한순간에 벌어진다. 스물아홉 서정주가 배고픔을 못 이겨 '마쓰이 히데오'를 노래하던 순간, 서른 살의 내가 생계라는 명분으로 정권을 위해 거짓 기사를 펜으로 옮기던 순간, 절대로 회복되지 않는 인생의 상처가 생겼다.

  그날의 기억에서 내가 배운 한 가지는 거짓은 달콤하지만 그 달콤함은 언젠가는 독이 되고 만다는 것이다. 영원토록 쓰리고 괴로운 독이 된다는 것이다.

아직 늦지 않았다는
믿음

—마쓰모토 세이초,《어느 고쿠라 일기전》

1909년 6월 19일 일본에서 한 소년이 태어난다. 소년은 대지주 가문의 여섯째 아들이었다. 부친은 중의원 의원과 귀족원 의원을 지낸 지역의 명사로 집 안에는 하인이 서른 명도 넘었다. 도쿄대학교 불문과를 중퇴한 소년은 스물여섯 살에 소설가로 데뷔한다. 결혼 후에도 여러 여자와 염문을 뿌리며 애인과 동반 자살을 시도하는 등 물의를 일으켰다. 그리고《인간 실격》이라는 작품을 발표하여 일본 최고의 소설가에 등극했다. 서른아홉 살이 되던 1948년, 소년은 결국 내연녀와 함께 자살하고 만다. 이 소년의 이름은 다자이 오사무였다.

다자이 오사무가 태어난 그해, 일본에서 또 한 명의 소년이 태어났다. 집이 너무 가난해 중학교 진학을 포기하고 동네의 조그만 전기회사에서 심부름을 한 것이 소년의 첫 번째 직업이었다. 이어서 인쇄공과 청소부로 일하고 밤에는 광고지에 삽화를 그려 넣는 아르바이트를 마다하지 않았다. 휴일에는 빗자루를 팔러 전국을 돌아다녔다. 열아홉 살에는 억울한 누명을 쓰고 감옥에 갔으며, 감옥에서 경험한 폭력과 차별에 분노하여 자기처럼 힘없는 사람들이 무시당하고 천대받는 세상을 바꾸고 싶다는 열망으로 신문기자가 되려 했으나, 기자가 되려면 대학을 졸업해야 한다는 말을 듣고 좌절한다. 그래도 소년은 신문사에서 일자리를 구했다. 기자들 뒤치다꺼리를 하는 급사로 뽑혔다. 신문을 만드는 일, 나아가 세상에 뭔가 보탬이 되는 작업에 자신의 보잘것없는 삶을 동참시킬 수 있다는 생각에 소년은 박봉에도 가슴이 두근거렸다.

20년 가까이 신문사에서 일했지만 차별이 소년의 가슴을 아프게 했다. 그는 정식 기자가 아니었으며, 단 한 번도 회식에 참여하거나 상여금을 받아본 적이 없었다. 처음으로 초대받은 회사 망년회에 자리에서는 고위 임원이 그가 못생기고 더럽다며 술도 따라주지 않았다. 정의가 살아 있으리라 믿었던 신문사에서도 소년은 차별과 멸시의 대상이었다. 소년은 자기만의 세상을 만들어나가리라 결심한다. 다자이 오사무가 자살한 1948년 겨울이었다. 그 사이 소년은 한 여자의 남편이 되었고, 부모님을 부양해야 했으며, 네 아이를 먹여 살려야 하는 처지가 되었다.

낮에는 직장에 다니고 밤에는 부업을 하느라 2년 동안 출퇴근길에 소설을 썼다. 이렇게 완성된 첫 번째 소설을 공모전에 출품했다. 3등으로 입상했다. 소년은 어느새 마흔한 살의 중년이 되었다. 소년의 이름은 마쓰모토 세이초(1909-1992)였다.

"그런 걸 조사해서 어따 쓰시게?"

하고 옆에 있는 후지에게 툭 내뱉듯이 말할 뿐이었다.

그런 걸 조사해서 어따 쓰시게? 그가 툭 내뱉은 이 말이 고사쿠의 마음 깊은 곳에 가시처럼 박혔다. 아닌 게 아니라 이런 작업에 의미가 있을까? 괜한 일에 나 혼자 오기를 부리는 것은 아닐까, 하는 의심이 고개를 쳐들었다. 그러자 문득 자기 노력이 전혀 쓸데없어 보이고 갑자기 떠밀려 난 기분이 들었다. K의 편지마저 겉치레 인사로밖에 생각되지 않았다. 희망은 갑자기 사라지고 새카만 절망이 엄습해왔다. 이런 절망감은 이후에도 종종 불쑥불쑥 일어나 그는 머리카락을 쥐어뜯으며 괴로워했다.

—마쓰모토 세이초, 《어느 고쿠라 일기전》

신경계통 문제로 왼다리를 절고, 언제나 입을 반쯤 벌린 채 말도 제대로 못하는 고사쿠라는 청년에게 소설가 모리 오가이는 이룰 수 없는 꿈이자 동경의 대상이다. 어느 날 모리 오가이가 자신이 살고 있는 고쿠라小倉에서 한철을 보냈다는 이야기를 듣게 된 고사쿠는 고쿠라에서 모리 오가이의 행적을 조사해보기로 결심한다. 모리 오가이가 이곳에서 누구를 만났으며, 어디를 찾았고, 또 무슨 생각을 했는지 조사하는 이 변변찮은 과정에 고사쿠는 조롱받기 일쑤인 자신의 존재를 투영시킨다. 그가 왜 태어났으며, 왜 이런 장애를 안고 살아가야 하는지 이유를 찾고 싶었던 것이다. 병든 몸에 하필 두뇌가 명석해 일상에서 겪게 되는 차별과 조롱을 견뎌내지 못하던 고사쿠에게 모리 오가이의 행적을 조사하고 이곳에 머물며 썼을 법한 일기를 작성해보는 것은 큰 즐거움이자 하루를 살아가게 해주는 힘이 되었다.

오가이의 자취를 조사하던 중에 만난 기방 주인은 고사

쿠에게 그런 걸 조사해서 어따 쓰냐고 나무란다. 기방 주인의 말처럼 '이런 작업에 과연 의미가 있을까'라는 의문이 고사쿠를 절망에 빠뜨리곤 했지만 멈출 수는 없었다. 고사쿠에겐 아무도 알아주지 않는 이 쓸데없는 작업 외엔 기댈 곳이 없었기 때문이다. 고쿠라에서 오가이의 발자취를 조사하는 것은 고사쿠에겐 자신의 존재를 증명해주는 소중한 목적을 지닌 작업이었다. 그래서 놓치고 싶지가 않았다. 고사쿠에겐 타인의 시선 따위는 상관없이 "이것이 내 평생의 업적이다!"라고 외칠 수 있는 무엇인가가 필요했다. 세상의 기준에 휘둘리지 않고 묵묵히, 그러나 단호하게 스스로의 길을 걸어가는 경험이 너무나 절실했던 것이다. 이는 곧 마쓰모토가 자기 자신에게 바라는 삶이기도 했다.

　장애가 있는, 세상에 기댈 곳 하나 없는 젊은이가 현실과 싸워나가며 삶의 목적을 찾아가는 일상을 통해 작가는 삶의 진실에 목말라하는 인간의 본성을 이야기한다. 끝내 고사쿠는 몸에 깃든 장애로 작업을 완수하지 못한 채 죽고 그의 일생이 담긴 작업도 헛된 낭비가 되고 만다. 하지만 어쩌겠는가. 그것이 우리네 대다수의 삶인 것을…….

"왜 그러니?"

하고 묻고 귀를 가까이 대자 묘하게 분명한 발음으로 말했다.

방울 소리가 들린다는 것이었다.

"방울?"

하고 되묻자 고개를 까딱했다. 그리고 얼굴을 베개에 묻듯이 떨어뜨리더니 다시 가만히 귀를 기울이는 모습이었다. 죽음을 맞은 사람의 혼탁한 뇌가 무슨 환청을 들었을까? 한겨울의 바깥에는 발소리조차 없었다.

그 밤이 물러가기 전에 혼수상태에 빠진 그는 열 시간 뒤에 숨을 거두었다. 눈발과 별이 갈마드는, 오가이가 '겨울소나기'라고 말했던 그런 날이었다.

후지는 고사쿠의 쓸쓸한 칠일제가 끝나자 구마모토의 먼 친척 집으로 옮겼다. 유골과 초고 보따리가 그이의 소중한 이삿짐이었다.

마흔한 살에 데뷔한 마쓰모토 세이초는 신문사를 다니는 직장 생활 외에는 모든 시간을 소설에 바쳤다. 그에게 일본 최고의 문학상인 '아쿠타가와 상'을 안겨준 《어느 고쿠라 일기전》은 등단하고 2년이 지나서 발표한 작품으로 재능은 있지만 생활이라는 여건에 떠밀려 고단한 인생을 보낼 수밖에 없었던 주인공의 비극적인 죽음을 그려냈다. 주인공 고사쿠는 마쓰모토 세이초의 초상이기도 했다.

 서서히 소설가로서 인정을 받게 되었지만 넘어야 할 장벽은 여전히 많았다. 잡지에 소설 몇 편 발표하는 부정기적인 수입으로는 여덟 식구나 되는 대가족을 지킬 수 없었다. 마쓰모토는 마흔일곱 살까지 신문사에서 잡일을 하며 생계를 유지한다. 또 하나 그를 힘들게 한 것은 세상의 오해였다. 마쓰모토가 작품을 발표할 때마다 그가 대학을 나오지 못했고 가난했다는 과거를 들먹이며 그의 작품이 피해망상에 빠졌다는 비난이 사라지지 않았다. 신문사에서 허드렛일을 도맡는 잡부가 소설을 써서는 안 된다는 시선에 마쓰모토는 상처를 받는다. 자신에겐 처음부터 문학을 지망할 자격조차 없었다는 것인가, 절망하곤 했다.

 그때부터 마쓰모토는 추리소설을 쓰기 시작했다. 인간성의 실체가 고스란히 드러나는 추리소설을 통해 사회의 어두운 면모를 낱낱이 파헤치기로 결심했다. 소설가로 데뷔하고 8년이 지나서야 첫 장편소설을 세상에 내놓았는데, 이 작품이 공전의 히트를 기록하면서 비로소 마쓰모토는 나이 쉰에 일본을 대표하는 추리소설가가 되는 기적을 이루어내는 데 성공한다. 트릭이나 범죄를 묘사하는 기존 장르에서 벗어나 그는 범죄의 사회적 동기와 배경에 주목했다. 일생 동안 겪으며 알게 된 차별과 멸시, 이유 없는 비난은 타고난 인간성을 바꾸기에 충분하다는 사실을 기억하며 개인의 생활에 영향을 미치는 사회의 어두운 부분을 집요하게 추적한 것이다. 마쓰모토의 소설은 '사회파 추리소설'로 불리며 사람들을 열광시켰다. 그에겐 소설가로서의 자격이 없다고 부정했던 세상도 마쓰모토의 끈질긴 노력에 굴복하여 '세이초 이전, 세이초 이후'라는 수식어로 한 인간이 이뤄낸 기적과도 같은 업적에 찬사를 보냈다. 지금까지 전에 없던 문학이 마쓰모토 세이초의 손끝에서 새롭게 창조된 것이다.

쉰에 가까운 나이에 첫 장편을 발표한 이래 여든셋 나이로 세상을 떠난 1992년까지 30여 년 동안 마쓰모토 세이초는 무려 100권의 장편소설을 썼다. 뒤늦게 시작한 작가 생활 43년 동안 장편과 단편, 논픽션 등을 모두 합치면 정식으로 출간한 단행본만 1,000권이다. 죽기 며칠 전까지 글을 썼고, 결국에는 장편 하나를 마지막으로 끝마친 뒤 혼수상태에 빠져 이틀 만에 눈을 감았다. 작가로서 마쓰모토 세이초의 전성기는 60대 초반부터 70대 중반까지였다. 그 기간 동안 무려 열 번이나 일본인이 가장 많이 읽은 베스트셀러 작가로 등극했다.

1992년에 그가 세상을 떠나자 일본의 각 방송사에서는 거장의 대표작을 드라마로 제작했는데, 그 편수만 자그마치 서른여섯 편이었고, 방영 기간은 1년이 넘었다. 무려 1년 동안 일본의 내로라하는 방송사의 골든타임에 마쓰모토 세이초의 작품을 원작으로 하는 드라마가 방영된 것이다. 이후로도 마쓰모도 세이초의 작품이 드라마로 제작된 횟수는 무려 400회가 넘는다.

마쓰모토 세이초의 삶은 세상이 정해놓은 규범과의 싸움이었다. 문단과 학계는 초등학교밖에 졸업 못 하고, 그때만 해도 싸구려 장르로 일컬어지던 추리소설을 쓰는 데다가 늦은 나이인 마흔한 살이 되어서야 데뷔작을 내놓은 세이초를 인정해주지 않았다. 사회의 추악한 진실을 드러낸다는 점이 정권의 미움을 사서 명실상부한 일본의 국민작가였음에도 사후에 훈장 하나 받지 못했다. 그러나 세이초는 인생을 바쳐 모두가 늦었다고 포기하라는 시점에 전력으로 자신을 발굴하고 등장시킨 희망의 메시지로 우리 곁에 남아 있다.

소설가 마쓰모토 세이초는 생전에 "나는 누구에게도 배

우지 못했다. 아무도 나에게 소설을 가르쳐주지 않았다. 그래서 쓰고 또 쓰는 것 외에는 소설가가 될 수 있는 방법이 없었다"라는 말로 끊임없이 이어온 자기계발과 불굴의 정신력에 대해 고백한 바 있다. 간암으로 죽음을 눈앞에 둔 순간까지 자신을 채찍질하여 펜을 들게 하는 헌신에 대한 믿음이야말로 신문사 잡부였던 마흔한 살 비정규직 노동자를 세계적인 베스트셀러 작가로 살아 숨 쉬게 만들어준 기적의 본질이었다.

떫은 삶 뒤에 가려진
깊은 향내를 기다리며

—천상병,《새》

   '성공'이라는 단어를 내 것으로 만들기 위해 우리는 각자의 위치에서 오늘도 최선을 다해 살아간다. 매 순간 내가 가진 모든 힘을 쥐어짜냈다고 자신 있게 말할 수는 없더라도 잠자리에 누워 이미 끝나버린 하루를 떠올렸을 때 나 자신에게 그리 부끄럽지 않은 시간들을 보냈구나 만족하는 한편으로 내일은 오늘 미진했던 부분들을 만회하기를 꿈꾸며 잠을 청한다.

   이와는 상관없이 그래서 오늘의 내가 과연 성공적이었나, 라는 질문에는 답이 엇갈린다. 나의 오늘이 머지않은 미래의 성공을 향해 나아가고 있다는 확신에 스스로 만족하는 사람이 있는가 하면, 아무리 노력해도 보상받지 못하는 것 같은 강요된 실패에 익숙해지고 있는 것은 아닌지 불안해하는 사람도 있을 것이다. 성공의 척도라는 것은 사람 수만큼이나 다양해서 누군가는 재물의 수량을 따지고, 누군가는 명성을 얻고자 하고, 누군가는 그저 내가 일한 대가를 상실하지 않고 손에 쥐는 것만으로 성공했다고 자평한다.

종합해보자면 우리가 말하는 성공은 '타화상他畫像'이다. 사회적 기준이라는 보편성의 요소들을 충족시키기 위한 일련의 과정과 그에 따른 대가를 성공이라고 착각하는 셈이다. 그런 착각이 우리를 불안하게 만든다. 더 나은 곳, 더 좋은 학교, 더 좋은 유니폼과 도구를 갖춰야만 무한경쟁의 시대에 최소한의 성공을 보장받는다고 생각하게 되는 것이다.

레오나르도 다빈치의 명화〈모나리자〉는 누가 봐도 미술사적으로, 또 레오나르도 다빈치 개인적으로, 그리고 작품 자체의 가치로 인류 역사상 가장 성공한 미술작품을 거론할 때 늘 첫손에 꼽힌다. 그런데 돌이켜보면 위대한〈모나리자〉는 다빈치 사후 100년이 넘도록 프랑스 왕궁의 욕실 한구석에 걸려 있었다. 100년이 넘는 시간 동안

이 그림에 대한 평가는 욕실 장식용이었다. 100년 동안 누구도 위대한 〈모나리자〉의 아름다움에 주목하지 않았다. 그저 욕실에 어울리지 않는 못생긴 여자의 초상화일 뿐이었다.

〈모나리자〉는 분명 위대한 그림이다. 하지만 처음부터 위대한 그림은 아니었다. 욕조 위에 걸린 싸구려 그림 취급을 받았다. 억울할 법도 했지만 〈모나리자〉는 100년의 세월을 기다렸다. 실력과 능력, 노력에 반하는 결과는 '타화상'이기 때문이다. 여기에 남들이 그린 내 얼굴에 지레 실망하고 포기해서는 안 된다는 교훈이 있다.

오늘 아침을 다소 행복하다고 생각하는 것은
한 잔 커피와 갑 속의 두둑한 담배,
해장을 하고도 버스값이 남았다는 것.

오늘 아침을 다소 서럽다고 생각하는 것은
잔돈 몇 푼에 조금도 부족이 없어도
내일 아침 일도 걱정해야 하기 때문이다.

가난은 내 직업이지만

비쳐오는 이 햇빛에 떳떳할 수가 있는 것은

이 햇빛에도 예금통장은 없을 테니까……

나의 과거와 미래

사랑하는 내 아들딸들아,

내 무덤가 무성한 풀섶으로 때론 와서

괴로웠음 그런대로 산 인생. 여기 잠들다. 라고,

씽씽 바람 불어라……

— 천상병, 〈나의 가난은〉

  생전의 천상병(1930-1993)은 아내와 함께 인사동에서 '귀천'이라는 조그만 찻집을 운영했다. 돈을 폐지쯤으로 여기는 가난한 시인이 혹여 어렵사리 얻은 불쌍한 아내를 굶기는 건 아닐까 조바심이 난 친구들이 십시일반 돈을 모아 차려준 찻집이었다. 그의 아내는 특히 모과차를 맛깔나게 끓여냈다. 누런 찻물이 깊게 우러난 이 모과차를 마실 때마다 천상병의 시가 떠올랐다. 달콤새큼하면서도 뒷맛이 개운치 않고 향이 입안에 짙게 퍼진다.

  모과라는 과일은 크고 탐스럽게 생겼지만 날것으로 베어 물지는 못한다. 그리하여 모과는 쓰고 떫은 먹지 못할 장식용 과일이라는 편견을 뒤집어쓰게 되었으나, 설탕을 끓여 만든 시럽에 모과를 잘게 썰어 재워두면 세상에 다시없을 짙은 향기와 달콤 쌉싸름한 감칠맛이 입안 가득 황홀함을 선사하는 귀한 찻물이 되어준다.

나뭇가지에 풍요롭게 매달린 모과는 눈을 호강시키는 데 그칠 뿐이다. 하나 잘게 썰려 설탕물에 오랜 시간 숙성되는 지루한 기다림을 이겨낸 모과는 고유의 떫고 시린 개성을 잃는 대신 맛 좋고 영양 가득한 차와 청이 되어 지친 이들을 위로하는 뜻밖의 변신을 일으킨다. 그 변신이 굴곡 많았던 천상병의 삶을 닮았다. 그래서인지 그의 아내가 끓여내는 모과차에는 인생에 스며드는 갖가지 후회와 기대가 애달프게 서려 있는 듯하였다.

천상병은 부유한 집안에서 태어나 서울대학교 상과대학을 졸업한 수재였다. 약관의 나이에 시인으로 데뷔한 천재이기도 했다. 젊은 날의 천상병을 기억하는 사람들 중에 그의 찬란한 미래를 의심하는 사람은 아무도 없었다. 그의 재능을 알아본 수많은 곳에서 그에게 성공과 직결된 기회들을 제공하려고 안달이었다. 천상병은 정부 부처의 관리직과 대학 강단을 오가며 재능을 펼쳤으며, 이에 만족하지 않고 꾸준히 시를 발표하여 문학적인 재능까지 인정받았다. 수학, 과학, 의학, 미술을 섭렵했던 다빈치에 비견되는 천재였다. 그에게 세상은 너무나 쉬워서 결말이 뻔히 보이는 재미없고 지루한 연극 같았다.

그런데 이 순수하고 재능이 넘치는 청춘에게 인생은 모진 쓴맛을 보여준다. 우연히 참석했던 독서 모임이 공산주의 혁명을 계획했다는 동백림 사건으로 비화되어 구속된 것이다. 잘나가는 청년 유망주에서 하루아침에 감옥살이 죄수로 전락한 천상병에게 절망은 그것으로 끝이 아니었다. 반년이 지나고서야 무죄로 석방되었지만, 이미 몸은 만신창이가 되어 있었다. 공안은 그에게 모진 전기 고문을 가했다. 심장 발작이 일어나기 바로 직전까지 전류를 몸으로 흘려보냈다. 머리는 백짓장이 되었으며 빛도 들지 않는 독방에서 이성을 잃고 울부짖었다. 반년간 지속된 고문을 못 이겨 천상병은 공산주의 혁명을 계획했다는 자백과 함께 무고한 이들을 연루자로 고발했다. 양심과 정신이 그의 몸을 떠나갔다. 더불어 전기 고문의 후유증은 천상병을 성불구자로 만들었다.

마음에 새겨진 상처는 알코올중독이 되었다. 감옥을 나온 천상병이 돌아갈 곳은 세상 어디에도 없었다. 그의 재능을 아꼈던 정부가 그를 다시 불러줄 리 없었다. 마음만 먹으면 내일이라도 강단에 교수 자리 하나쯤 있을 것 같았던 시절은 흑백사진처럼 퇴화되고, 친구와 동지로 여겼던 이들은 망가져버린 그의 육신 근처에 가까이 다가가는 것을 꺼려했다.

그에게 남아 있는 것은 시를 끄적거릴 수 있는 손가락과 몸과 마음에 든 병을 참으며 토해낼 수 있는 단어들이 전부였다. 그마저도 쉽게 허락되지 않아 예술혼으로 빛나던 그는 거리를 떠도는 행려병자가 되었다. 행방불명되어 죽었다는 소문이 파다했던 천상병이 서울시립정신병원에서 이름 없는 노숙자로 발견되었을 때, 그는 아이처럼 해맑은 미소를 지으며 약봉지에 시를 쓰고 있었다. 그 시는 모과차처럼 달고, 또 한편으로는 맵고 서글펐다.

천상병은 세상이라는 추하고 난잡한 욕실에 걸린 슬픈 〈모나리자〉였다.

나 하늘로 돌아가리라

새벽빛 와닿으면 스러지는

이슬 더불어 손에 손을 잡고,

나 하늘로 돌아가리라.

노을빛 함께 단둘이서

기슭에서 놀다가 구름 손짓하면은,

나 하늘로 돌아가리라.

아름다운 이 세상 소풍 끝내는 날,

가서 아름다웠다고 말하리라……

— 천상병, 〈귀천歸天〉

 《새》는 천상병의 첫 번째 시집이다. 행방불명된 천상병이 정신병원에 입원해 있는 동안 틀림없이 그가 죽었다고 생각한 동료 시인들이 불행했던 그의 삶을 추모하고자 발간한 유고시집遺稿詩集이다. 아픈 태생에도 불구하고 시집 《새》에는 고문 후유증으로 정상적인 상태에서 벗어난 사람이 썼다고는 도저히 믿어지지 않을 만큼 순수하고 깨끗한 인간의 마음이 고스란히 담겨 있다. 아무것도 감추고 꾸밀 것이 없다는 시인의 결백한 믿음이 슬프도록 가득하다. 살아서 자신의 죽음을 기념하는 유고집을 출판한 사람은 세계 역사에서도 단 한 명, 천상병뿐이다.

 천상병은 죽을 때까지 아무도 탓하지 않았다. 누구를 원망하는 말도 입에 담지 않았다. 자신을 손가락질하며 미치광이, 기인, 배신자로 부르는 사람들에게 일일이 따져 묻지도 않았다. 대신 그는 못난 시인의 곁을 지켜주는 아내를 사랑했고, 아이들을 위한 동시를 썼으며, 이 모질고 험난한 세상을 보듬고 사랑해주었다. 그에게 아무것도 남겨주지 못한 허망한 세월을 소풍 삼아, 그에게 상처만 가득 안겨준 인생을 놀이터 삼아 고통과 좌절과 슬픔을 딛고 한세상 철없이 노래하다 떠나가는 아름다운 시인의 모습을 우리에게 남겨준 것이다.

　세상이 그에게서 모든 것을 빼앗아 간 것처럼 보여도 결국 그의 모든 것을 마련해준 곳 또한 세상이었다. 〈모나리자〉는 100년이 넘게 욕실에 걸려 있었지만, 어느 시각에서 보면 그래도 100년 동안 〈모나리자〉를 보관해준 곳은 프랑스 왕궁의 욕실뿐이다. 긍정이 낳은 기다림은 기회가 된다. 세상은 변하기 마련이고, 그 변화를 기다리지 못하는 것이야말로 가장 쓰라린 실패다. 인생의 모습은 하나가 아니기 때문이다. 욕실을 장식하는 그림이 루브르 박물관의 주인공이 되기도 하고, 수재가 고문 후유증으로 행려병자가 되었다가 다시 귀천을 노래하는 시인이 되기도 하는 것이다. 오늘의 내 모습에서 내일의 나를 찾아내려는 조급한 시도처럼 어리석은 생각도 없다.

함께 살아간다는 것이
때로는 '뺄셈'일지라도

―김소월, 〈진달래꽃〉

　러시아의 대문호 푸시킨은 "삶이 그대를 속일지라도 슬퍼하거나 노여워하지 말라"고 노래했다. 삶이 그에게 얼마나 많은 거짓을 남발했기에 속아도 슬퍼하지 말고 노하지도 말자고 스스로에게 다짐을 받아두려 했던 것인지 궁금할 정도다.
　푸시킨의 체념처럼 과연 우리는 삶에서 무엇에 속고 있는 것일까. 내일은 오늘보다 좀 더 나아지리라는 근거 없는 희망, 노력은 그에 합당한 대가와 보답으로 돌아온다는 강박관념과도 같은 믿음, 사랑은 이 비참한 세상의 한 줄기 빛이라는 구원…….

그러나 현실은 잔인할 정도로 정직하다. 희망과 믿음과 구원은 국어사전이나 망상가들의 철없는 인식 속에 감춰두는 편이 그나마 덜 비참할 정도다. 특히나 인류를 지속시키는 원동력이라고 할 수 있는 사랑은 세월이 흐르고 세대가 더해질수록 침대에 눕힌 해부용 시신처럼 그 불편하고 발본적인 속사정을 여과 없이 드러내고 있다. 우리는 바야흐로 사랑하는 가족과의 공존을 고통의 한 가지쯤으로 여겨야 하는 시대를 살아가고 있는 것이다. 소중한 내 가족이 나의 내일을, 나의 노력을, 나의 사랑을 방해하는 절망의 늪이 되어가는 공포 속에 오늘을 버텨내고 있는 것이다.

나의 한 생명을 감당하고 꾸려나가기에도 벅찬 세상에서 경제력을 상실한 부모와 엄청난 기회비용을 강탈해가는 출산과 육아는 인간을 하루살이로 전락시킨다. 태어나 성장하고 독립하고 사랑의 결실을 맺어 다음 세대를 이어나가는 생존권이 우리의 꿈과 희망을 침묵시킨다. 그 침묵에 절망한 자들은 스스로 목숨을 끊거나, 가족의 생명을 빼앗아버리는 극단적인 선택을 저지르기도 한다.

그들의 절망에 돌을 던질 수 있는 자가 누구랴. 우리의 내일이 침묵에 잠식된 절망이 되지 않으리라 어떻게 자신할 수 있으랴.

나 보기가 역겨워

가실 때에는

말없이 고이 보내 드리우리다

영변에 약산

진달래꽃

아름 따다 가실 길에 뿌리우리다

— 김소월, 〈진달래꽃〉

　12월 24일은 크리스마스이브를 기리는 축제날이지만, 내겐 시인 김소월이 세상을 떠난 날로 더욱 가슴 아픈 기념일이다. 소월 김정식은 평안북도 구성군 서산면 평지동 자택 안방에서 1934년 12월 24일 아침 8시, 다량의 아편을 먹고 자살한 상태로 발견된다. 그의 나이 고작 서른둘. 아내와 3남 2녀의 어린 자녀가 곤히 잠들어 있는 차가운 겨울 새벽에 소월은 자살을 결행한다. 사랑하는 가족들의 잠든 얼굴을 내려다보며 고작 서른두 살밖에 안 된 젊은 남편, 젊은 아빠는 그들과 함께 쌓아 올릴 창창한 내일이

몸서리치도록 두려웠을 것이다. 그들과 공존해야 할 자신의 남겨진 삶에 더 이상 속고 싶지 않았을 것이다.

일제 강점기하에서도 그토록 아름다운 우리말로 만인을 위로하는 시를 토해내던 뜨거운 가슴은 어디로 사라지고, 혈육이 겪게 될 고통과 상처를 외면하면서까지 최악의 선택을 하게 된 것일까. 대체 소월에게 삶이란, 가정이란, 아버지란 어떤 의미였던가.

소월의 죽음은 가족에게 가장의 부재로 끝나지 않았다. 시인은 가족에게 광산업 실패로 쌓인 엄청난 빚더미를 떠안겼다. 다섯이나 되는 자녀들에겐 간질과 정신병을 앓으며 무너져가던 나약한 아버지의 모습을 평생토록 잊지 못하고 기억해야 하는 상처를 남겼다. 그나마 유일한 자산은 10년 전에 발표한 시집 한 권이 고작이었다. 그마저도 당시에는 책이 팔리지 않아 절판이나 다름없는 처지였다.

여기까지가 김소월의 서른두 해가 고통스레 버텨온 상처들의 면면이다. 민족의 언어로 시를 썼다는 이유만으로 일제는 김소월을 감시하고 탄압했다. 시대적 상처는 천성이 예민하고 게으른 시인을 세상으로부터 점차 멀어지게 했다. 그나마 20대 중반까지 왕성했던 창작욕은 결혼을 기점으로 급속도로 꺼져가기 시작한다. 시인이라는 이름

보다 가족의 입을 책임져야 하는 가장의 무게가 더욱 무겁게 그를 짓눌렀기 때문이다. 일제의 모진 탄압에도 스러지지 않았던 강인한 의지는 남편과 아버지의 의무 앞에서 힘없이 무릎을 꿇고 말았다.

팔리지도 않는 서정시만 써서는 가족의 생계를 책임질 수 없는 암담한 현실, 이를 타개하기 위해 적성에도 맞지 않는 사업을 연달아 벌였고, 당연한 결과로서 실패를 거듭했다. 그때마다 생활은 더욱 처참하게 변질되었다. 시인에게 가난은 몸뚱이를 감싸고 있는 피부 껍질처럼 질기게 들러붙어 떼어낼 수 없는 숙명처럼 느껴졌다. 더구나 그 숙명은 혼자만의 몫이 아니었다. 어린 나이에 시집와 남편만 믿고 살아가는 아내와 세상의 쓴맛을 보며 눈물 흘리기에는 너무나도 어린 자녀들……. 여섯 식구의 목숨을 볼모 삼아 앞이 보이지 않는 하루하루를 환청과 불안으로 겨우 살아냈다. 망가지는 제 모습과 마주할 때마다 가족이 받게 될 고통은, 어쩌면 시인 자신이 견뎌야 하는 고독과 처절함에 비할 수 없는 괴로움이었을 것이다.

밤새도록 고민한 끝에 남은 선택지는 단 하나. 고단하기만 한 삶의 거짓으로부터 망각과 도피를 결행하는 것뿐이었다. 하루가 시작되는 새벽녘에 스스로 목숨을 끊었다는 것은 김소월이 밤새도록 삶과 죽음의 갈림길에서 번민했음을 일러준다. 그 번민은 결국 다음해 봄을 기약하지 못했다. 시인이 그토록 사랑했던 진달래꽃의 눈망울을 기다려주지 못했다.

　　가시는 걸음걸음
　　놓인 그 꽃을
　　사뿐히 즈려밟고 가시옵소서

　　나 보기가 역겨워
　　가실 때에는
　　죽어도 아니 눈물 흘리우리다

　시인 김소월이 생전에 남긴 시집은 동명의 시로 유명한 《진달래꽃》 한 권이 고작이다. 시인이 누리고 있는 명성에 비해 너무나도 초라하다. 그마저도 시집이 발표된 1925년에는 초판 200부도 다 팔리지 않았다. 시집에 실린 〈진달래꽃〉은 김소월이 스무 살 되던 해인 1922년 잡지 〈개벽〉에 발표했던 작품이다. 봄이 한창인 4, 5월에 반도의 온 전역에서 어김없이 피어나는 이 연분홍색 꽃은 평지보다 비탈을 좋아한다. 이파리보다 꽃망울을 먼저 틔울 만큼 감성적이며, 천성이 유약해 영양분이 풍부하고 볕이 좋은 곳에서는 항시 억센 초목들과의 경쟁에서 말없이 물러나준다. 그러나 산불이나 벌채로 훼손된 척박한 땅에서는 공손히 물러나는 법이 없다. 뿌리를 내려 봄에는 꽃을 피우고 겨울에는 악착같이 열매를 맺는다. 봄에 피는 꽃은 사람에게 약이 되어주고, 겨울에 나는 열매는 주린 짐승들에게 생명의 양식이 되어준다. 오늘날 북녘의 헐벗은 산하에서는 식물들은 떠나갔어도 오직 진달래꽃만이 그 자리에 남아 만발하는 봄을 알려준다고 한다.

스무 살 김소월은 진달래꽃처럼 살고 싶었다.

시인이 노래한 진달래꽃은 그가 소원했던 삶의 모습이다. 고단한 불행에, 산다는 것이 때로는 구역질에 신물이 올라오게 괴롭더라도 끝내 눈물은 보여주지 않겠노라는 시인의 다짐이었다. 그 다짐이 시인의 가슴속에서 지워졌고, 그의 시를 떠올리지 못하는 우리들 가슴속에서도 점점 더 희미해지고 있다.

진달래꽃을 대신하여 동네마다 벚꽃이 물결이다. 하얗게 하늘을 가리는 벚꽃의 장관에 사람들 발길이 끊이지 않는다. 꽃을 사랑하는 마음에 변명을 더해서는 안 되겠지만, 고작 일주일도 넘기지 못하는 찰나의 화려함에 우리의 눈과 마음이 현혹되는 것이, 혹시라도 삶을 대하는 우리의 관점을 닮아간 것이라고 한다면 야속하고 서글픈 일이 아닐 수 없다. 기다림보다 순간을, 인내의 달콤한 결말보다 첫술의 자극과 희열을 추종하게 되는 순간, 인생은 더 큰 거짓과 현혹으로 우리를 속이려 들 것이다.

  사람들의 눈길과 발길이 흐드러지는 벚꽃 잎 사이를 배회하는 사이에도 어느 야산 비탈에는 김소월이 보았을 진달래꽃이 한 아름씩 피어났다. 그 꽃을 보면 다시금 이 잔인한 삶을 추스르고 싶어지는 욕심을 탓할 생각이 들지 않는다. 더불어 살아간다는 것의 의미가 부정적인 단어들로 채워지는 이날에, 불행했던 시인이 미처 이루지 못한 삶의 모습을 떠올리며 약해지려는 마음을 붙들어본다. 공존은 나만의 희생이 아닌 모두의 희생을 전제로 성립한다. 함께 살아간다는 것은 더하는 과정이 아닌 내 것을 포기하고 내놓는 불편을 감수하는 연습이다. 그것이 비굴하고 때론 억울해도 지금의 내 모습에는 내가 보지 못한 곳에서 희생하며 자기 것을 내려놓은 이들의 무수한 희생과 인내가 담겨 있음에 감사하며, 떨어지려는 마음을 이 나약한 가지와 뿌리로 마지막까지 붙드는 것 말고는 방법이 없다.

   시인은 비록 처절하게 스러져버렸으나, 그의 시를 눈동자에 새긴 우리들은 시인의 절망과 슬픔을 상기하며 그가 잃어버린 몫까지 자신을 구원해야 한다. 살아가야 한다. 포기하지 않고 살아가는 것만으로도 내 인생 어딘가에 뿌리 내린 사랑하는 사람들이 살아갈 양분을 얻게 된다는 것을 잊어서는 안 된다.

실패할 기회조차
가져보지 못한 청춘의 우울

─ 전성태, 〈태풍이 오는 계절〉

　내일이 기다려지지 않는 까닭은 계산이 가능해서다. 인간은 이성의 동물로 일컬어지는데, 실제로는 이성 너머에 도사리고 있는 위험과 스릴을 갈구하는 존재이기도 하다.
　사회가 세분화되면서 인간의 역할은 상대적으로 전문화되고 축소되었다. 컨베이어 벨트를 움직이는 수만 가지 부품 중 하나로 자신의 입장이 간단하게 정리된다는 것은 기분 좋은 일이 아니다. 컨베이어 벨트의 내일은 누구라도 예상 가능하다. 오늘과 똑같은 내일, 오늘과 똑같은 업무, 오늘과 똑같은 권태 속에서 변해가는 것은 내 안에 도사리고 있는 생을 향한 기대감뿐이다. 살아온 날들의 숫자가 늘어날수록, 나이가 들수록 삶에 대한 기대치는 반비례해서 줄어든다.

공무원 시험이 있는 날이면 청년들의 대이동으로 나라가 들썩인다. 청년 수십만 명이 국가와 국민을 위해 적성과 재능을 포기하고 획일적인 수험 공부를 해서 혈세에 길들여지는 미래를 선택하는 것이라면 모두가 행복할 테지만, 알다시피 다분한 속내는 대기업 입사보다는 수월하다는 편의성, 그보다 더한 진실을 이야기하자면 정년까지 큰 무리 없이 근속할 수 있다는 안정적인 신분에 이끌린 것이다. 그렇게 청년들은 노량진으로, 인터넷강의로, 독서실로 발길을 돌린다.

앞으로 30년간 내가 해야 할 일이 빤히 보이는 미래, 앞으로 30년간 내가 벌어들일 수입이 자연스레 계산되는 미래, 30년 후 나의 남은 생애를 지탱해줄 수단과 방법이 정해져버린 이 재미없는 미래를 군말 없이 받아들이려는 진심은 무엇일까.

아무리 기다리고 노력해도 세상이라는 바다 위에서 나를 미지의 신세계로 인도해줄 태풍이 불어오지 않으리라는 절망. 그럴 바에야 미풍이더라도 내 삶을 움직여줄 무엇인가를 붙잡는 편이 안전하지 않을까, 라는 지극히 계산적인 선택. 그리고 계산이 끝나버려 더 이상 기대할 것조차 없는 지루한 미래를 기다려야 한다는 힘없는 한숨.

🌱 인물 쪽으로 돌아가면 난 참 할 말이 없어진다. 종암이는 눈이 안 좋아서 그렇지 깎은 밤톨마냥 허여멀쑥한 게 논두렁 볕을 쬐고 자란 여기 물색은 아닌 것 같다. 그에 비하면 나는 무쇠솥 밑창 같은 얼굴에, 그 빛깔만큼이나 깊은 여드름 구멍도 숭숭 많다. 봉자 년의 말에 따르면 너무 서둘러 배운 담배 탓이란다.

하긴, 나도 잘하는 게 요것 말고도 또 있긴 하다. 용접봉도 댈 줄 알고, 담벼락쯤은 우습게 미장을 하고, 삼동네에 묻어낸 보일러는 여태 뒷말이 없다. 그것뿐이냐. 근래에는 석재 공장에서 돌도 자르고 갈았다. 하나 그게 무슨 대순가. 서른 살을 눈앞에 차려놓고 이 촌구석에서 썩고 있는데.

— 전성태, 〈태풍이 오는 계절〉

소설가 전성태(1969-)는 특별하다. 하루에도 수십 번 뒤바뀌는 세상에서 그는 지나간 어제를 이야기한다. 그중에서도 두엄 내가 진동하는 옛 모습 그대로의 농촌, 발전도 없고 미래도 안 보이는, 그래서 청춘들에겐 그저 쉰내 풍기는 과거로 치부될 뿐인 해체된 농촌과 그곳에서 펼쳐지는 무기력한 삶에 대해 이야기한다. 이제는 세상이 눈길조차 주지 않으려 하는 해묵은 농촌의 이야기를 전성태는 1994년 등단 이후부터 고수해왔다. 우리가 잃어버린 삶의 원형이 그곳에 있기 때문이며, 각박해진 현대사회에 팽배한 반인륜적이고 무기력한 방황과 슬픔의 원흉이 인간성의 뿌리를 상실한 대가라고 굳게 믿어왔기 때문이다.

소설 〈태풍이 오는 계절〉은 현대사회에서 정답 없는 시험지에 비견되는 농촌에서 삶의 정답을 찾기 위해 방황하는 30대 동네 백수건달의 계산되지 않는 미래에 관한 이야기다. 주인공이 처한 상황은 다음과 같다. 어머니는 무당이다. 신이 들려 주인공에겐 관심이 없다. 이런 가정환경에서 탈출하고자 가출과 비행을 일삼던 주인공은 중학교를 중퇴하고 서울로 상경했다가 온갖 쓴맛을 본 후에 다시 지긋지긋한 고향으로 내려온다. 고향에 돌아와 보니 십수 년이 흘렀건만 변한 게 없다. 고향집의 초가지붕도 그대로, 농사지어서는 세 끼 먹고사는 것도 감당이 안 돼 날품을 팔거나 읍내 공장에서 막일이라도 해야 하는 답답한 현실도 그대로다. 변한 게 있기는 하다. 친구들이 죄다

고향을 등져 젊은 사람 찾기가 모래밭에서 바늘 찾기와 같고 아버지들이 남겨준 밭고랑 사이에서는 눈알을 뒤집고 찾아봐도 희망이 보이지 않는다는 점이다.

　자신의 삶을 가늠해가며 남들처럼 결혼도 하고 안정된 생활을 해보고 싶어 기를 쓰지만 고정된 직장이나 수입이 없는 현실은 바람 한 점 없는 망망대해에 떠 있는 널빤지 같다. 노가다로 날품을 팔고, 보일러를 고치러 다니는 등 육체를 돈으로 환전할 수 있는 곳이라면 어디를 막론하고 달려들지만 사람들은 뚜렷한 직업이 없는 주인공을 '놀고 먹는 노식이'로 부정해버린다.

　이대로는 안 되겠다 싶어 태풍 피해보상금이라도 한몫 챙겨 뭐라도 해볼 요량으로 태풍이 거세게 몰아친다는 예보 날짜에 맞춰 헌집을 때려 부쉈는데 온다던 태풍이 꼬리를 내리는 바람에 보상금은커녕 잔머리를 굴려 나랏돈을 빼먹으려 한 염치없는 젊은 놈 소리를 듣고야 만다.

　일확천금을 노렸던 것은 아니다. 아무리 열심히 삽질을 해봐야 입에 풀칠하기도 벅찼을 뿐이다. 하지만 세상은 얄궂다. 가방끈 길고, 연줄이라도 되는 놈들은 나랏돈을 곶감 빼 먹듯이 훔쳐 먹어도 일일 술술 풀리건만 주인공에겐 온다던 태풍마저도 신세를 더욱 처량하게 만드는 비바람이다. 어떻게든 살아보려고 낙담하지 않고 포기하지 않았던 젊음의 몸부림이 자해自害로 비춰지는 계절이 끝없이 되풀이된다. 태풍이라도 불어서 앞이 보이지 않는 이 답답한 현실을 날려주었으면 바라는 주인공의 악다구니는 그래서 남의 일 같지 않다. 노력한 수고에 비해 너무나도 값이 떨어지는 보상을 받아들일 수밖에 없는 세태야말로 보이지 않는 태풍이다. 젊음의 생장을 뿌리부터 위협하는 날 선 폭풍이다.

젊음을 위협하는 폭풍을 피하기 위해 기를 쓰고 안전한 처마 밑을 탐한다. 처마 밑을 차지하기 위한 경쟁은 치열하고, 처마 밑에서는 별도, 달도 보이지 않는다. 햇볕과 바람에 타 죽지 않으려고 그늘 밑에서 여린 잎새로 가냘프게 온몸을 떠는 운명을 받아들인다.

나는 손전등을 더듬어 들고 마당을 훑어본다. 삭은 검불이 흘러내려 낙숫물 고랑은 개 그슬린 뒷자리 같다. 바람이 서까래 밑을 들이박고 나가는 소리가 무척이나 으스스하다. 묵은 집이라 저런 짐승 소리를 내는 것일까. 나고 자란 집인데도 괜히 무슨 흉측한 짐승을 대하듯 두렵다.

나는 손바닥에 받은 침을 뱉고 해머 자루를 움켜쥔다. 남의 눈 피해 덧나지 않게 하기에는 맞춤한 시각이다. 영감님도 잠이 들었는지 들창에 서렸던 텔레비전 푸른 기운도 가셨다. 툇마루 산기둥을 툭툭 두드리자, 의외로 들썩인다. 내처 해머를 머리 위까지 치켜들고 내리쳐본다. 대번에 서까래받이가 찌그둥 기울고 호박이 덩굴째 쏟아져 허공에서 대롱거린다. 집을 빙 돌아가며 흙벽이며 기둥, 골골샅샅이 쳐본다. 물을 먹어 무거워진 이엉은 한 뭉텅이씩 빠지지만 흙벽은 맞은 자리만 털릴 뿐 넘어갈 기미가 없다. 기운 쪽으로 털어내면 땅바닥으로 주저앉을까 싶어 뒤란 모퉁이로 들어섰으나 여차하면 그 비좁은 데 묻혀 무덤 삼기 십상이겠다.

지금은 나로우주센터가 들어선 전남 고흥의 작은 마을에서 태어나 그곳에서 중학교 시절까지 성장한 전성태는 5남 1녀 중 다섯째였다. 유년 시절 농사에 바쁜 부모를 대신해 막내를 돌보느라 아홉 살이 되어서야 초등학교에 입학했다. 또래들이 학교에 간 사이 그는 동생에게 동냥젖을 물리기 위해 동네 아주머니들을 찾아다녔고, 몸이 아프면 개똥과 산오이풀, 지네, 돼지 쓸개, 개구리 등을 달여 마셨다. 그때의 경험이 가난한 어린 소년을 이야기꾼으로 만들었다.

 전성태가 등단한 90년대는 X세대와 삼풍백화점과 서태지가 공존하던 시기였다. 그가 경험한 도시의 거리는 오렌지족과 노숙자들의 차지였다. 전성태는 사회주의자가 되었고, 모두가 원하는 좋은 사회가 도래하면 개인의 욕망도 해결될 것인가 하는 의문을 해결하기 위해 대기업에 입사하여 수뇌부의 연설문이나 홍보물을 작성하는 일을 했다. 하지만 입사 보름 만에 간염이 발견되어 쫓겨난다. 이후로 전업 소설가의 길을 걷는다. 삶을 움직이는 태풍을 자기 손으로 만들어보겠다 결심한 것이다.

 기성의 시스템이 완성시킨 미풍에 몸을 싣기 위해서는 자기가 소유한 감정과 생각을 버리고 양보하는 미덕에 익숙해져야 한다. 전성태가 소설의 길에 들어선 가장 큰 이유는 소설가가 외부의 시스템이 아닌 자기 자신의 내면을 성찰하는 직업이었기 때문이다. 소설가는 남의 눈과 입술에서 자유로운 상태로 바람이 불지 않는 곳까지 스스로 걸음을 옮기고, 또한 인간이 꺼리는 밑바닥까지도 자유롭게 내려갈 수 있다.

 그곳에서 전성태는 삭막한 콘크리트와 차가운 아스팔트 도로가 품어낼 수 없는 희망과 위로의 노래를 만들었다. 그 노래로 자진해서 병든 뿌리처럼 성장을 멈춰버린 청춘들을 보듬어주고 있다.

  특별한 새로움 대신 세상이 만들어놓은 낙후된 세월에 머무른 채 자기만의 이야기를 써나가지 못하는 청춘들은 갈 곳을 잃고 유랑하는 민들레 홀씨다. 그들의 공허한 마음을 붙잡아주는 것은 각자의 책임이지만, 그들에게 공동체의 미래를 의지할 수밖에 없는 것 또한 우리가 직면한 현실이다. 봄바람 대신 황사라는 말이 자주 들리는 이때에 과연 청춘의 뿌리가 푸른 봄을 만끽하는 날이 다시금 찾아와줄는지 두렵기만 하다.

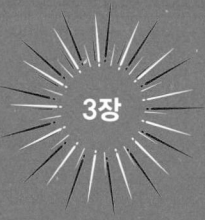

3장

언제나 문제는 사랑과 사람

어떤 봄은 차갑다

— 김유정, 〈봄봄〉

사랑이 조건으로 전락한 시대를 살아가고 있다. 사랑은 더 이상 운명이 아닌 살아가는 데 뒤따르는 몇 가지 조건 중 하나가 되었다. 사랑이라는 조건이 필요해지면 사람을 구하고, 사랑이라는 조건이 충족되지 않아도 충분히 행복할 수 있다고 믿거나 이 조건을 만족시킬 만한 여건과 자격이 되지 않는다고 판단할 때는 지레 포기해버리기도 한다. 사랑은 그 자체로 거대한 장벽이다. 이 장벽을 무사히 뛰어넘을 수 있느냐 없느냐가 세상이 나를 판단하는 잣대가 된다.

어쩌면 우리는 결혼과 사랑에 그릇된 환상을 품고 있었

던 것인지도 모르겠다. 그 옛날 결혼을 한 이유는 이 험한 세상을 혼자 살아 감내하느니 둘이서, 그리고 둘 사이에 태어난 자녀들의 힘과 수고를 한데 모아 살아가는 편이 보다 안전하다는 판단에서였다.

그러나 공동체가 붕괴된 오늘날에 결혼을 통해 성립된 둘, 또는 셋, 넷으로 이루어진 가족이라는 사회 단위는 이를 유지하는 데 필요한 더 많은 고통과 위험부담에서 자유롭지 못하다. 혼자 살아남는 것보다 둘이 살아남기 위해서는 더 큰 액수의 돈을 벌어들여야 하고, 조금이라도 더 넓은 집을 소유해야 하며, 그 과정에서 개인의 자유와 시간, 꿈을 향한 도전은 우선순위에서 탈락하고 만다.

'비혼非婚'이라는 단어가 낯설지 않게 들려오는 요즘, 희생과 강탈의 수단처럼 여겨지고 있는 사랑에 자신의 모든 것을 내던지는 행위가 자기파멸적인 어리석은 선택으로 이해되는 것은 피할 수 없는 운명인지도 모른다.

> 내가 다 먹고 물러섰을 때 그릇을 챙기는데 그런데 난 깜짝 놀라지 않았느냐. 고개를 푹 숙이고 밥 함지에 그릇을 포개면서 날더러 들으라는지, 혹은 제 소린지,
> "밤낮 일만 하다 말 텐가!"

하고 혼자서 종알거린다. 고대 잘 내외하다가 이게 무슨 소린가, 하고 난 정신이 얼떨떨했다. 그러면서도 한편 무슨 좋은 수가 있나 없는가 싶어서 나도 공중에 대고 혼잣말로,

"그럼 어떡해?"

하니까,

"성례시켜달라지 뭘 어떡해."

하고 되알지게 쏘아붙이고 얼굴이 빨개져서 산으로 그저 도망질을 친다.

나는 잠시 동안 어떻게 되는 심판인지 맥을 몰라서 그 뒷모양만 덤덤히 바라보았다.

봄이 되면 온갖 초목이 물이 오르고 싹이 트고 한다. 사람도 아마 그런가 보다, 하고 며칠 내에 부쩍 자란 듯싶은 점순이가 여간 반가운 것이 아니다.

이런 걸 멀쩡하게 아직 어리다구 하니까…….

— 김유정, 〈봄봄〉

김유정은 1908년 음력 1월 11일 강원도 춘천에서 팔남매의 일곱째로 태어났다. 어려서부터 그는 병을 달고 살았다. 그 병약한 몸은 1937년 스물아홉 젊디젊은 나이를

견디지 못하고 서른 편의 단편소설을 세상에 남겨둔 채 폐결핵으로 스러져버린다.

짧은 스물아홉 해의 생애 동안 가난과 병마가 작가를 괴롭혔으나, 그중에서도 김유정 본인이 가장 고통스러워한 아픔은 유창성장애, 즉 우리말로 '말더듬'이었다. 어려서부터 말더듬이로 놀림받았던 탓에 김유정은 사람들 앞에서 말하기를 두려워했고, 본의 아니게 침묵할 때가 많았다. 말수가 적은 그를 사람들은 글 좀 쓰는 걸로 건방지다며 오해했고, 그럴수록 작가는 외로워졌다. 말더듬이라는 징벌과도 같은 장애와 가진 것 없는 청춘의 빈곤으로 김유정은 사랑하는 여자에게서 극심한 모멸과 상처를 뒤집어쓰기에 이른다. 2년을 짝사랑한 당대의 명창이자 잘나가는 기생이었던 박녹주 앞에서 주뼛거리며 말만 더듬거리는 자신의 모습에 작가는 절망할 수밖에 없었다.

나이도 어리고, 가난하고, 말을 더듬고, 소설을 쓴다는 젊은이를 지금으로 치면 연예인이나 다름없었던 박녹주가 제대로 봐줬을 리 없다. 스물한 살 청년이었던 김유정의 내면에서 감미롭게 시작된 사랑의 떨림은 녹주에게 외면받기 일쑤였으며, 그 외면이 자신의 보잘것없는 겉모습에서 연유한다는 것은 김유정에게 크나큰 상처였다. 급기

야는 새끼손가락을 물어뜯어 혈서를 쓰기에 이르는데 어째서 내 마음을 몰라주느냐, 사랑만 있으면 됐지 무엇이 더 필요하냐, 나는 너를 위해 죽어줄 수도 있다…… 병든 몸에 약을 지어 먹으려 모아둔 돈을 털어 비단까지 동봉한 혈서에 박녹주는 기겁을 한다. 가난한 데다 말까지 더듬는 젊은 남자의 집착, 미래가 보이지 않는 사랑의 조건에 세상 물정을 일찌감치 알아차린 여자는 대꾸할 가치를 느끼지 못했다.

 꺾여버린 사랑의 날갯짓에 절망한 김유정은 집착과도 같은 행태를 보이며 타락한다. 박녹주의 뒤를 쫓고, 살해하겠다는 편지를 보낸다. 사회적으로 큰 문제로 떠오르고 있는 스토킹의 전형이다. 이 범죄에 다름없는 사랑의 착란은 그의 목에서 마침내 각혈이 시작되고, 젊은 육신에 죽음의 병마가 드리워져 고향으로 요양을 떠나게 된 후에야 비로소 끝이 난다.

 그 무렵엔 김유정 본인도 깨닫는다. 사랑의 끝이 이토록 허무한 까닭은 박녹주가 그의 마음을 받아들여주지 않아서가 아니다. 사랑하는 마음만 있을 뿐, 사랑이 요구하는 조건 중 단 하나도 만족시키고 채워줄 수 없는 본인의 처지, 남들은 무궁한 미래가 있다지만 정작 김유정 자신에게는 아무것도 해내지 못하고 가진 것 없는 그저 막막하기만 할 따름인 청춘의 기나긴 어둠이 사랑을 핑계로 그를 반쯤 미쳐버리게 했던 것이다. 박녹주를 향한 사랑은 예전에 사라졌음에도 그가 여전히 그녀의 뒤를 쫓고 협박과 절망이 난무하는 편지들로 괴롭힌 것은 일종의 자학이었다. 사랑을 해선 안 될 처지임에도 사랑에 목이 마른 스물넷 청년에게 세상은 너 같은 부류는 사랑을 해서는 안 된다는 독설과 편견을 퍼부은 것이 고작이었다. 좌절한 김유정의 광기 어린 반항은 박녹주를 향한 비뚤어진 집착과 그에 따른 스스로에 대한 환멸이었다. 그것이 젊은 생명을 죽음으로 내몰았다.

사지가 부르르 떨리면서 나도 엉금엉금 기어가 장인님의 바짓가랭이를 꽉 움키고 잡아낚았다.

내가 머리가 터지도록 매를 얻어맞은 것은 이 때문이다. 그러나 여기가 또한 우리 장인님이 유달리 착한 곳이다. 여느 사람이면 사경을 주어서라도 당장 내어쫓았지, 터진 머리를 손수 지져주고, 호주머니에 희연 한 봉을 넣어주고 그리고,

"올 갈엔 꼭 성례를 시켜주마. 암말 말구 가서 뒷골의 콩밭

이나 얼른 갈아라."

하고 등을 뚜덕여줄 사람이 누구냐. 나는 장인님이 너무나 고마워서 어느덧 눈물까지 났다. 점순이를 남기고 인젠 내쫓기려니 하다 뜻밖의 말을 듣고,

"빙장님! 인제 다시는 안 그러겠어유!"

이렇게 맹세를 하며 부랴부랴 지게를 지고 일터로 갔다.

작품 〈봄봄〉의 주인공은 딸만 셋인 마름(지주를 대리하여 소작권을 관리하는 사람) 집의 데릴사위다. 둘째 딸 '점순이'한테 장가보내주겠다는 예비 장인의 말만 철석같이 믿고 그 집에서 3년째 노비처럼 온갖 농사를 도맡아 지었다. 한데 이 약삭빠른 예비 장인은 결혼시켜달라는 주인공의 성화에 딸내미 키가 덜 컸다며 자꾸 혼인 날짜를 뒤로 미룬다. 데릴사위로 오랫동안 붙잡아두고 농사일을 부려먹을 계산인 것이다. 주인공이 보기엔 열여섯씩이나 먹은 점순이 키가 더 클 것 같지는 않다. 키가 자라기는커녕 장모를 닮아 밥 먹은 것이 옆으로만 퍼져나가 짜리몽땅한 감참외를 닮아간다. 그래도 참외 중에 감참외가 제일 맛나듯이 사랑이 애절한 노총각 눈에는 세상에서 점순이가 제일 예쁘다. 말이 데릴사위지 종살이나 다름없는 이 고

단한 생활을 3년이나 버텨낸 것도 사랑하는 점순이를 봐서 참아낸 결과였다.

열 살이나 어린 점순이 앞에서는 좋아한다고, 그러니 조금만 더 기다려달라고 입발림조차 못하는 순둥이에 팔푼이 같아도, 볕 좋은 봄날에 몸살이 날 듯싶은 나른한 몸을 이끌고 제 아비가 시키는 고된 농사일을 소처럼 되새김질하는 까닭이 저를 사랑하는 마음에서 비롯된 것임을 알아줬으면 하고 바라는 것이다.

젊은이들은 자신의 고유한 힘에 대한 자각이 없다. 그래서 극단적인 패배감과 이상적인 자부심 사이에서 이리저리 방황하며 갈피를 잡지 못한다. 박녹주에 대한 마음이 세상 무엇과도 바꿔지지 않는 진심이었다면 김유정은 〈봄봄〉의 주인공처럼 남의 집 종살이를 해서라도 그 사랑을 이뤄내려 포기하지 않았을 것이다. 김유정은 그러지 못했던 지난날의 부끄러움에 후회와 성찰을 담아, 조건과 실리라는 명분에 강탈당한 사랑을 되찾으려 우직하게 주어진 젊음을 아낌없이 허비하는 주인공의 순정을 탄생시켰다.

사랑은 때론 수치스럽다. 나의 모든 약점과 어리석음을 비워내고 상대방을 향한 진심을 담아내는 과정이기 때문이다. 나를 드러낼 용기가 생기지 않는다면 그것은 사랑이 아니다. 바꿔 말하면 용기를 내지 않고서는 사랑을 둘러싼 이 시대의 장벽들을 무너뜨릴 수가 없다.

청춘이라는 봄은 아마도 차가울 것이다. 춘삼월에 봄기운이 생동한다고 해도 이제 막 잠에서 깬 벌거벗은 인생은 겨울과 그 모습이 다르지 않다. 그 위에 쏟아지는 햇살이 조금 따사로울 뿐이다. 햇살을 맞이하는 우리 마음이 조금 따뜻해졌을 뿐이다. 그래서 작가 김유정은 점순이와 혼례할 날만 손꼽아 기다리는 가난한 스물여섯 청춘을 '봄'이 아닌 '봄봄'에 빗댄 게 아닐까. 아직은 차가운 봄날에 한 번의 봄으로는 부족하다 싶어 두 번의 봄을, 더 많은 사랑을 그리고자 했던 것은 아닐까. 그리 생각하니 '봄이 왔다'라는 말로는 아쉽다. 앞으로는 '봄봄이 왔다'고 말해야겠다.

사랑은 사랑으로
사람은 사람으로 구원받는다

— 표도르 도스토옙스키, 《죄와 벌》

소설 《죄와 벌》의 주인공 라스콜리니코프는 비범한 두뇌의 소유자로 철저한 개인주의자였다. 의지의 자유로운 발현이야말로 인간이 존재하는 궁극적인 진리라고 생각하며 비범하지 못한 일반인들을 지배하는 것이 자신의 운명이라고 믿었다. 라스콜리니코프는 나폴레옹의 삶을 동경했다. 나폴레옹은 수많은 사람을 전쟁터로 내몰아 죽게 한 장본인이지만, 그의 일생은 영웅으로 칭송받고 있다. 가난 때문에 학업을 중단한 라스콜리니코프는 나폴레옹이 되고 싶었다. 그래서 악독한 전당포 노파를 죽이고 돈을 빼앗는다. 고리대금으로 사람들을 괴롭히는 전당포 노파는 세상에서 사라져야 할 존재이기 때문이다. 반면에 젊고 똑똑한 라스콜리니코프 본인은 가난에 지배당해서는 안 되는 인물이라고 믿었다.

돈 때문에 사람을 죽여놓고도 라스콜리니코프는 죄의식을 느끼지 못한다. 자신은 범죄를 뛰어넘는 초월적인 존재라고 생각해서다. 라스콜리니코프의 머릿속에서 노파의 죽음은 궁핍한 생활에 쪼들리던 청년의 우발적인 범행이 아닌, 인류의 향상을 위한 결단이 되었다.

하지만 살인 사건의 용의자로 지목되어 경찰 수사를 받게 되자 라스콜리니코프는 자신이 저지른 행위에 감정적으로 동요한다. 특히 가족의 생계를 위해 거리에서 몸을 팔면서도 자신의 처지에 주눅 들거나 비관하지 않는 소냐의 자비심, 모든 인간에겐 저마다의 가치가 있고 이를 타인이 함부로 판단해서는 안 된다는 신념은 라스콜리니코프에게 구원의 빛이 되어준다. 살인을 정당화하던 자신의 논리가 얼마나 추악한 생각인지 깨닫게 된 것이다.

검찰 앞에서도 논리적으로 자신의 무죄를 입증하던 라스콜리니코프는 소냐의 순결한 영혼에 가책을 느껴 살인범임을 고백한다. 소냐는 라스콜리니코프에게 자수를 권하고, 그를 위해 시베리아 유형지까지 따라간다. 그곳에서 두 사람은 사랑의 힘으로 10여 년의 유형생활을 함께 하며 용서받을 수 없는 죄를 뉘우친다.

라스콜리니코프는 한 걸음 뒤로 물러서서 슬픈 미소를 지으면서 그녀를 바라보았다.

"소냐, 당신은 이상한 여자로군. 내가 이런 이야기를 했는데도 끌어안고 키스를 하다니, 당신도 정신이 없는 모양이지."

"당신보다 불행한 사람은 이 세상에 아무도 없어요, 아무도!" 그의 말도 들리지 않는지 그녀는 정신없이 소리쳤다. 그러고는 갑작스레 발작이라도 일어난 듯이 흐느껴 울기 시작했다.

벌써 오랜 옛날에 잊어버렸던 감정이 물결처럼 그의 가슴에 스며들어 순식간에 그의 마음을 부드럽게 했다. 그는 그 감정에 거역하지 않았다. 눈물이 두 방울 그의 눈에서 넘쳐 눈썹에 맺혔다.

"그럼 당신은 나를 버리지 않는 거지, 소냐?" 희망 비슷한 것을 느끼면서 그가 그녀를 보고 말했다.

"네, 언제까지나, 어디를 가거나!"

—표도르 도스토옙스키,《죄와 벌》

도스토옙스키는 호기심으로 공산주의자들의 독서 모임에 참석했다가 체포되어 총살형을 선고받았다. 형장으로 끌려가 눈이 가려지고 총알을 장전하는 소리를 들으며 죽음을 떠올렸다. 바로 그때 운 좋게도 황제의 특사 명령이 내려져 시베리아로 유형을 떠난다. 4년간 시베리아에서 고된 노역형을 견뎌낸 도스토옙스키는 그간의 경험을 살려 하층민들의 굴곡진 삶과 인간의 나약한 고뇌를 그려내 대작가로 성장했으나, 그에게는 치명적인 결함이 하나 있었다. 바로 도박중독이었다.

젊은 시절 총살형과 시베리아 유형이라는 극단의 경계에서 생과 사의 갈림길을 경험한 도스토옙스키는 그때 겪었던 극적인 긴장 없이는 글을 쓰지 못했다. 사느냐 죽느냐가 결정되는 순간에 느껴지는 오감을 초월한 집중력, 공포, 살아남았다는 환희는 그에게 문학을 꽃피우는 양분이었다. 시베리아에서 돌아온 이후로 도스토옙스키에게 그런 감흥과 유사한 기분을 느끼게 해주는 곳은 오직 도박판뿐이었다.

도박판에서 어마어마한 빚을 지게 된 도스토옙스키에게는 소설을 써서 돈을 갚는 것 외에는 방도가 없었다. 악덕 채권자는 소설의 판권을 내놓으라고 협박했다. 감옥에

가지 않기 위해 도스토옙스키는 한 달 안에 새로운 소설을 완성해 그 인세로 빚을 갚겠다고 약속했다.

하지만 펜으로 손수 글을 쓰는 옛날 방식으로는 기일 안에 소설을 완성할 가망이 없었다. 마침 속기사 양성 학원을 운영하는 친구로부터 안나 그리고리예브나라는 스무 살의 젊은 속기사를 소개받았다. 안나는 매일같이 도스토옙스키의 집으로 찾아가 그가 불러주는 대로 소설을 받아 적었다. 안나의 도움으로 마감일 직전에 아슬아슬하게 소설을 완성했고 도스토옙스키는 판권을 지키는 데 성공했다.

이것으로 두 사람의 인연은 끝인 줄 알았으나 도스토옙스키는 또다시 급한 일이 생겼다며 안나를 집으로 불러냈다. 이번 작품은 오래전부터 구상하고 있던 《죄와 벌》의 마지막 단락으로, 라스콜리니코프가 소냐에 대한 사랑을 깨닫고 괴로워하는 장면이었다. 도스토옙스키는 라스콜리니코프가 소냐에 대한 사랑을 끝까지 숨긴 채 자수하는 것으로 결론을 내고 싶었다. 안나는 반대였다. 라스콜리니코프가 진심으로 소냐를 사랑한다면 그가 저지른 범죄까지 소냐에게 모두 고백하는 장면이 필요하다고 말했다. 도스토옙스키가 안나를 돌아보며 물었다. 만약 당신이 소냐라면 라스콜리니코프의 고백을 받아줄 수 있을까…….

안나는 라스콜리니코프가 겪었던 삶과 고뇌를 이해하기에 받아줄 수 있다고 대답했다. 그가 저지른 범죄는 사라지지 않겠지만, 그를 사랑한다면 그의 곁에서 그가 감당해야 할 벌까지 함께 받는 것이 사랑이라고 대답했다. 도스토옙스키는 안나의 대답을《죄와 벌》의 결말로 삼겠다고 말했다. 그리고 무릎을 꿇고 자신이 살아온 그간의 행적과 숨기고 싶은 과거를 모두 털어놓으며 안나 그레고리예브나를 사랑한다고 고백했다.

도스토옙스키의 나이 마흔다섯, 두 사람의 나이 차는 스물다섯 살이었다. 결혼 후에도 도스토옙스키는 여전히 도박을 일삼고 경제 관념은 무능했으나, 아내는 생사를 넘나드는 고통 속에서도 문학을 포기하지 않고 지켜온 남편의 순수한 열정을 꿰뚫어보며 그를 사랑해주었다. 안나 그리고리예브나를 사랑하게 되면서 도스토옙스키는 도박판에서 광기 어린 감정의 파도를 겪지 않고도 소설을 쓸 수 있게 되었다. 마흔다섯 살에 안나를 만난 것은 도스토옙스키 인생에 찾아온 최고의 행운이었다.《죄와 벌》,《백치》,《악령》,《카라마조프가의 형제들》 같은 대작이 연이어 성공을 거둔 것은 안나의 공이 컸다.

안나는 아내 역할에만 치중하지 않았다. 간질 발작이 심해져 날로 쇠약해지는 남편을 대신해 원고를 정리하여 완성시키는 것도 그녀 몫이었다. 안나는 여자로서 남편을 사랑하는 것에 그치지 않고 도스토옙스키 문학의 일부가 되어 그 안에서 사랑하고 고뇌했다.

> 두 사람은 말을 하려고 하였으나 할 수가 없었다. 눈물이 두 사람의 눈에 어리고 있었다. 두 사람의 얼굴은 창백했으며, 여위어 있었다. 그러나 이 병들어 지친 얼굴에는 새로운 미래의 아침 햇살이, 새로운 삶을 향한 완전한 부활의 아침 햇살이 환하게 빛나고 있었다. 두 사람을 부활시킨 것은 사랑이었다. 서로의 마음속에, 다른 또 한쪽의 마음을 위한 끊임없는 사랑의 샘이 간직되어 있었던 것이다. 라스콜리니코프와 소냐는 기다리고 또 참고 견디고자 결심했다. 아직도 7년이라는 세월이 남아 있었다. 그때까지 얼마나 견뎌내기 어려운 고통이, 그리고 얼마나 더없는 행복이 있을 것인가! 그러나 라스콜리니코프는 소생하였다. 그는 그것을 느끼고 있었다. 그리고 소냐는, 아니 소냐는 오로지 그의 생명 속에서만 살아왔던 것이다.

사랑을 하고 결혼을 하고 가정을 이루는 기본적인 이해와 협력의 과정에서도 많은 재능이 요구된다. 지속적이고 끈질기고 지치지 않는 재능이 필요하다. 찰나의 순간에 이성에게 반하여 호감을 느낄 수는 있지만 그것은 사랑을 지속시키는 재능이 되지 못한다. 순간은 영속되는 법이 없기 때문이다. 누군가를 사랑한다는 것은 잠재적으로 그 누군가를 인식한다는 뜻이다. 하지만 누군가를 인식한다는 것이 잠재적으로 그 누군가를 사랑하게 된다는 말은 아니다.

　겉으로 보이는 조건을 통해 인식된 애정은 오래가지 못한다. 조건이란 언제나 상대방보다는 내가 우선하기 마련이기 때문이다. 하루 종일 거울만 들여다보는 에고이즘은 가능해도 사랑하는 사람의 상처를 들여다보는 것은 쉬운 일이 아니다.

　진정한 사랑은 내면에 갇힌 자아를 비판하는 데서 시작된다. 관심이 가고 끌리는 누군가를 향해 시선이 조금씩 늘어나는 것에 만족한다. 그 과정에서 많은 상처와 고통을 경험하게 될 테지만, 그것이야말로 두 사람이 함께 만들어나가는 세계의 토대다. 물질, 지위, 외모와 같은 현상에서 실존을 부르짖더라도 그렇게 채워진 사랑은 형식적이며 외형적일 수밖에 없는 것이다.

  사랑은 영혼의 실체이며, 생명의 근본이다. 사랑의 힘은 상대방의 영혼과 하나가 되었을 때 비로소 우주가 된다. 외형적 조건이 추구하는 이론적 사랑은 마음과 영혼이 함께하는 진실한 사랑의 실례를 뒤집지 못한다. 상대를 감동시키는 힘은 잘 단련된 어휘가 아니라 그를 대신해 고통을 감수하는 형태에 있기 때문이다. 사랑하는 이에게 바라는 그것을 사랑하는 이를 위해 먼저 실행하는 것, 이는 말이나 눈빛으로는 결코 해줄 수 없는 일이다. 오직 사랑하고 있는 존재가 사랑받는 존재가 될 때 실현될 뿐이다. 그리고 그 존재로부터 당신을 사랑한다는 언어가 파생되었을 때, 그것은 진정한 사랑이 되어 영원토록 두 사람을 맺어준다.

그럼에도 불구하고
생명은 지속되어야 한다

—박경리,《토지》

    왜 결혼해서 아이를 낳지 않느냐고 물었다. 아들은 자기 이외의 생명에게 저당 잡힌 인생을 살아가고 싶지 않다고 대답했다. 나는 한 순간도 아들에게 나의 생명이 포로처럼 구속당하고 있다는 생각을 해보지 않았다.

    아직 젊어서 그런 걸까, 아니면 잠시 한눈파는 사이에 언제 나락으로 추락해버릴지도 모르는 숨 가쁜 시대를 살아간다는 고백인 걸까. 국세청의 세무 공무원처럼 계산적인 표정으로 논리를 펼치는 아들의 단호함이 가차 없기도 하고 불쌍하기도 했다.

    자녀를 낳아 기르는 것은 가정 내에서 벌어지는 사사로

운 행위가 아니다. 단순히 사랑이 맺어놓은 결실만도 아니다. 머지않은 미래에 인구가 반 토막이 날 수도 있다는 정당의 구호는 표면상의 두려움일 뿐이다. 실체는 나를 꼭 닮은 유전자가 확장되어 나의 세계를 넓혀나간다는 놀라운 신비다. 이를 거부하며 가뜩이나 벅차기만 한 일생을 좀먹고 강탈해가는 자발적 굴레로 여길 수밖에 없는 젊은 시선의 옹졸함이 그래서 더욱 불쌍하다. 생명은 그들의 삶을 더 깊은 수렁으로 몰아넣을 수도 있지만 동시에 깊은 수렁에서 우리를 구원해줄 가능성도 함께 품고 있기 때문이다.

생명을 품에 안는다는 행위는 인간의 전제 조건이 아니다. 인간보다 더 크고 넓은 지구의 숙원이다. 생명을 이어나가고 지켜낸다는 것은 지구의 숙원을 대신 이루는 업적이며, 지구는 그에 대한 보답으로 나의 외연을 확장시켜준다. 한 사람의 개인으로서 맛보고 체험하는 한계를 뛰어넘어 두 사람이 되고, 세 사람이 되고, 때에 따라서는 어머니, 아버지의 자리를 지켜내는 것만으로도 우리가 살아가는 세계와 동급이 된다.

돈과 명예, 권력, 향상이라는 개인적 소망을 뛰어넘는 거대한 자아의 실현이 부모다. 분명 고달프다. 희생도 따른다. 맨 정신이라면 아픔 없이 기쁨과 행복만 가득하다는 말에 속아 넘어갈 리 없다.

그러나 우리를 한계로 몰아넣는 새 생명이 나 혼자였다면 이뤄내지 못했을 환희를 불러오는 시발점이 되고, 나 혼자였다면 불가능했을 한계를 뛰어넘는 원동력이 되어 준다. 생명에는 신비로운 힘이 깃들어 있기 때문이다. 단언컨대 생명을 포기하는 것은 마법과도 같은 힘을 인생에서 포기하는 어리석은 짓이다.

한이야 후회하든 아니하든,
원하든 원치 않든, 모르는 곳에서 생명과 더불어,
내가 모르는 곳, 사람 모두가 알 수 없는 곳에서 온
생명의 응어리다.
밀쳐도 싸워도 끌어안고 울어도,
생명과 함께 어디서 그것이 왔을꼬?
배고파서 외롭고 헐벗어서 외롭고 억울하여
외롭고 병들어서 외롭고
늙어서 외롭고 이별하여 외롭고
혼자 떠나는 황천길 외롭고,
죽어서 어디로 가며

저 무수한 밤하늘의 별같이 떠도는 영혼,

그게 다아 한이지 뭐겠나.

참으로 생사가 모두 한이로다…….

—박경리,《토지》

  소설가 박경리는 생전에 "좋은 작가가 되는 것보다 좋은 어머니가 되고 싶었다"고 고백했다. 그녀가 걸어온 삶의 과정들을 돌이켜봤을 때 그 고백은 쉽게 이루어질 수 없는 소망이었다. 박경리의 삶은 평탄함과는 거리가 멀었기 때문이다. 박경리가 열네 살 되던 무렵에 그녀의 부친은 가정을 버리고 다른 여자와 살림을 차렸다. 남편에게 버림받아 한이 맺힌 홀어머니 밑에서의 성장 과정은 소녀에게 지워지지 않는 흉터가 되었다.

  녹록치 않은 인생의 무게들은 어린 나이에 받아들이긴 힘든 고통이었다. 고통은 아버지에 대한, 그리고 세상에 대한 미움으로 번져갔다. 부친의 도움 없이 어렵사리 여고를 졸업하자마자 서둘러 결혼한 것도 부친에게 빼앗긴 가정을 되찾기 위한 몸부림이었다. 소설《토지》의 주인공 서희가 조상의 땅을 되찾고자 고향인 경남 하동을 떠나 서울로, 중국으로 떠돌았듯이 박경리에게 결혼은 그녀가 태어나 자란 버림받은 가정으로부터 해방되어 새롭게 인생이 펼쳐지는 신대륙을 찾아 나서는 모험이었다.

그러나 삶은 호락호락하지가 않아 결혼 3년 만에 육이오전쟁이 터지고, 남편은 서대문형무소에서 급사하고 만다. 그 비극의 눈물이 채 마르기도 전에 이번에는 세 살 난 어린 아들이 병에 걸려 어미의 품을 떠나버린다. 천지간에 피붙이라고는 이제 막 걸음마를 뗀 외동딸이 유일한 서른 살의 과부는 기구한 여인의 팔자를 한탄할 새도 없이 은행 창구에서 남이 맡긴 돈을 세어주고, 삯바느질을 하며 호구를 연명하는 데 자족해야 했다.

어린 딸을 지켜내야 한다는 절대적인 숙명이 모든 가치관과 질서보다 우선했다. 딸을 살려내기 위해 몸부림을 치면 칠수록 그녀는 조금씩 절망의 어둠으로부터 발을 빼낼 수 있었다. 성장하는 딸의 모습이 그녀 안에서 좌절과 슬픔을 몰아내주었다. 밤새워 눈물로 베개를 적시더라도 다음 날 새벽이면 딸의 울음소리에 밥을 짓고 국을 끓여 함께 먹어야 했다. 목구멍 너머로 삼켜지는 밥알은 딸의 생명이었다. 혼자였다면 버텨내지 못했을 잔혹한 시련이 그녀에게 더해진 어린 생명의 온기로 점차 누그러졌다.

어린 딸이 전해주는 생명의 기운을 받아 박경리는 늦은

밤마다 아무도 읽어주지 않으리라 실망하면서도 소설을 쓰기 시작했다. 아직 찾아오지 않은 불행이 그녀의 남은 삶마저 쑥대밭으로 만들기 전에 원고지를 펼쳐놓고 글이라는 또 다른 생명을 잉태하기로 작정한 것이다. 소설은 박경리가 딸과 함께 살아가고자 발굴한 새로운 토지였다. 소설이라는 새로운 대륙에서 박경리는 50년 넘게 글이라는 또 다른 자녀를 출산했고, 그녀가 잉태한 글들은 굴곡진 현대사회를 지탱하는 귀중한 뿌리가 되어주었다.

소설을 통해 박경리는 우리 시대의 어머니가 되었다.

"나는 살아 있는 생명이 아니었던 것 같아요. 허깨비, 그것에 매달리어 내 아픔, 남의 아픔에도 눈감고 살아온 거예요."
"그만두자."
"내가 한 일은 아무것도 없어요."
"넌 친정을 돕지 않았니?"
"그건 저절로 된 일이지 내 의지는 아니었어요."
"어차피, 사람마다 차이는 있지만 모두가 다 사람은 완벽하지 못해. 다른 사람의 인생과 똑같은 삶을 살 수도 없는 거고, 불행이다 행복이다 하는 그 말도 실상은 모호하기

짝이 없어. 시시각각으로 달라지는 우리들 운명, 행복 불행이 검정 과자 빨간 과자처럼 틀에다 찍어내는 것도 아니겠고, 운명 앞에 무력해질 수 없는 것이 우리의 삶이지만 그러나 운명을 정복한 사람은 없어. 자신自信이라는 말같이 허망한 것이 어디 있을까. 노인을 보아. 그 경력이 화려한 노인일수록 살아 있다는 것이 무엇인가를 뼈저리게 느끼게 해. 결국 우리는 죽어가고 있는 거야. 삶이란 덫에 걸린 짐승 같은 것, 결코 풀리지 않는 수수께끼 같은 것."

원주에는 '박경리 문학공원'이 있다. 이곳에서 그녀는 18년간 《토지》를 썼고, 생의 마지막 날을 보냈다. 살아 있었다면 챙이 넓은 밀짚모자를 쓰고 어김없이 작업실 뒤편 텃밭에 고추 모를 심었을 것이다. 그리고 가을 햇볕에 잘 말려놓았다가 늙은 작가를 잊지 않고 찾아오는 사람들에게 고춧가루를 한 근씩 안겨줬을 것이다. 그 맛을 상상해본다면 이 땅 위에서 펼쳐지는 우리네 인생을 닮아 쌉쌀하면서도 아릿하게 맵고 끝에 가서는 속이 다 개운해질 만큼 달콤했을 것이다. 반백 년 가까운 세월을 글밭 위에 엎드려 소설이라는 모종을 살뜰히 키워온 그 손맛이 맞나지 않을 리 없다.

사람은 생명에 발을 붙이고 생명과의 투쟁을 헤치며 살아나간다. 돌부리에 발톱이 깨지는 것은 예사로 벌어지는 일이며, 때로는 생명을 빼앗기기도 하고 남의 생명을 빼앗기도 한다. 사람은 늙고 병들어 변해가도 내가 남긴 생명의 끈들은 변함없이 그곳에 남아 언젠가는 잃은 것을 되찾아오기도 하고, 전보다 더 나은 생명을 인생에서 새로이 찾아내기도 한다. 그렇게 세월이 더해지면서 우리는 깨닫게 되는 것이다. 삶이 곧 자녀이며, 나는 그 자녀를 키워내기 위해 더욱 굳세게 대지를 밟고 일어섰다는 것을…….

그리고 우리는 바라는 것이다. 지금은 이 한 줌의 흙처럼 잘게 부서질지라도 먼 훗날에는 짓밟히지 않는 옥토가 되어 풍년의 노래를 부를 수 있게 되기를 말이다. 그 노래의 주인공이 지금의 내가 아니더라도 좋다. 내가 잉태하여 품에 거둔 나의 아들과 딸들, 그 아이들을 지키고 키워내기 위해 내가 이겨냈던 모든 시간이 사랑하며 몸부림친 날들에 어김없이 기록되어 이어져나가는 꿈을 꾼다는 것은 인간의 지성이 만들어낼 수 있는 최고의 진보다.

인생이란 그 자체가 하나의 목적이 아닌 더 나은 미래를 위한 다리에 불과하다. 우리가 누리는 오늘은 어제를 살아간 수많은 인생이 남겨놓은 성과들의 결론이다. 따라서 우리의 오늘은 내일의 결론이다. 현재를 통해 인생의 결과가 확인되는 법은 없다. 생명의 지속은 우리의 내일인 것이다. 그렇기 때문에 생명을 포기하는 섣부른 판단은 자칫 내게 주어졌을지도 모르는 보다 나은 내일을 미리 포기하고 사멸시키는 행위가 될지 모른다.

희망은 오직 생명을 통해서만 새롭게 생성되기 때문이다. 그 생명이 우리가 미리 근심했던 대로 절망이 되어 내일을 암흑으로 몰아넣을지, 혹은 기나긴 인내와 수고를 통해 새벽빛으로 찬란히 빛나게 될지는 오늘 판단할 수 있는 문제가 아니다. 그러하기에 우리는 사랑하는 것을 겁내서는 안 된다.

이기심의 유혹 속에서
살아가는 고통

—알베르트 슈바이처, 《물과 원시림 사이에서》

　사회가 점점 더 이기적으로 극악해지는 원인의 근본에는 두려움이 자리하고 있다. 두려움은 살아가는 데 매우 유용한 도구처럼 여겨진다. 두려움이라는 감정을 뿌리로 생겨난 무수한 열매가 사회를 이끌어나가는 원동력으로, 개인의 삶을 올바른 방향으로 나아가게 해주는 능력으로 포장되고 있기 때문이다. 가령 경쟁에서 뒤처질지도 모른다는 두려움은 승부욕으로 미화되며, 사람들이 나를 이해하지 못할 수도 있다는 두려움은 친화력으로 꾸며진다.

　그 많은 두려움 중에서도 가장 비극적인 것은 경멸이다. 경멸은 상대를 속속들이 이해하지 못했다는 무관심과 나태가 두려움으로 발전된 것이다. 자신의 경험과 인식의 경계 안에서 이해되고 납득되지 못하는 대상에게 그와의 충돌과 갈등에서 비롯될 책임을 떠넘김으로써 반성과 양보라는 희생으로 손해보고 싶지 않다는 이기주의의 표현이다. 경멸은 다른 말로 표현하자면 혐오가 되고, 의미가 확장되면 배척이 되고, 더 나아가 자본주의 사회를 존속시키는 기본 개념인 적자생존의 원칙이 된다. 적자생존의 원칙하에서는 이성과 상식을 초월한 특권이 난무한다. 생존이 전부인 사회에서 희생과 배려는 살아남은 자들의 세상을 무너뜨릴지도 모르는 위협이 되기에 이를 사전에 차단하고자 독점이라는 비겁한 수단을 선택하는 것이다.

 생존이 척도가 되어버린 세상에서 나보다 약하고, 나보다 빈곤하며, 나보다 무지한 당신들은 나와 공존해서는 안 될 저속한 존재로 분류된다. 그들은 나와 비교했을 때 모든 면에서 질이 낮고 열등하므로 나만큼의 사회적 권리와 혜택을 누려서는 안 된다는 차별이 만연해진다.

 불과 한 세대 전만 해도 백인 사회는 그들과 피부색이 다르다는 이유로 공포에 떨며 타 대륙의 인종과 문화를 말살하는 데 열을 올렸다. 내가 부르짖는 신의 이름과 다르다는 이유로 타 민족의 종교를 박해하고 공격하는 광기 어린 폭력이 지금도 세계 곳곳을 위협하고 있다. 당장 우리만 하더라도 추구하는 세상의 모습이 다르다는 정치적 이유에서 세대와 지역을 망라한 갈등이 야기되고 있다. 지극한 문명을 이뤄냈다고 자부하는 21세기는 인류의 목숨을 위협하는 핵무기와 군비 경쟁 속에 멸망의 길을 자진해서 걸어가고 있으며, 부의 분배를 거부하는 자본주의는 지칠 줄 모르는 열정으로 경멸과 혐오, 차별을 양산해내고 있다.

그럴수록 세상은 더욱 위험한 지경에 내몰리고 만다. 치열한 경쟁, 빈부 격차, 공평하지 못한 교육의 기회는 사회적인 공포의 밑거름이 되었다. 자기 혼자만의 노력으로 보다 많은 성공의 조건을 이룩했어도 패배자로 내몰리는 다수의 절망 앞에서는 동일한 공포를 느껴야만 한다. 넓게는 언제 전복될지 모르는 사회 시스템과 전쟁의 위협에 절망해야 하고, 좁게는 내 이웃의 분노가 갑작스레 나의 생활을 위협하여 피해를 입힐지도 모른다는 막연한 공포를 체감해야 한다.

세상은 살아남아 승리하라는 이기주의와 더불어 패배한 자들의 분노에 시달려야 하는 공존의 고통까지 동시에 요구하고 있는 것이다.

나는 원시림에서 살아가는 토인들의 참담한 생활상에 관한 기사를 읽었으며, 선교사들에게서 내막을 전해 듣기도 했다. 생각하면 생각할수록 우리들 유럽인이 멀리 아프리카에서 우리에게 호소하고 있는 인도적 도움에 대해 무관심한 태도를 취하는 것이 이해되지 않았다.

부자와 가난한 나사로의 비유는 우리들에게 들려주기 위한 이야기처럼 느껴졌다. 우리에겐 진보한 의학과 병을 고치는 수많은 지식이 있다. 따라서 우리는 부자다. 우리가 누리는 풍요로운 이익은 결코 당연한 것이 아니다. 저쪽 식민지에는 가난한 나사로인, 병들어 고통받는 괴로운 유색인종이 살고 있기 때문이다.

그들은 병과 고통에 신음하고 있지만 그것과 대항하여 싸울 수 있는 수단을 갖지 못했다. 그리고 부유한 유럽인은 자기 집 현관 앞에 쓰러져 있는 가난한 이들을 돌봐주지 않고, 그들의 고통이 우리의 이익 때문에 더욱 심화되고 있다는 내면의 목소리마저 애써 부인하고 있다. 결국에는 우리 또한 나사로와 마찬가지로, 아니 그들 이상으로 병과 고통에 신음하게 될지도 모른다는 절망을 부정하는 것은 범죄나 다름없다.

―알베르트 슈바이처,《물과 원시림 사이에서》

알퐁스 도데의 소설《마지막 수업》은 알자스로렌을 배경으로 하고 있다. 이곳은 프랑스와 독일의 접경 지역으로 알베르트 슈바이처(1875-1965)는 알자스로렌을 교구로 하는 독일인 목사의 아들로 태어났다. 역사적으로 이곳을 차지하기 위해 숱한 전쟁이 벌어졌고, 당연히 이곳에서 함께 살아가는 프랑스인과 독일인의 관계는 뿌리 깊은 증오로 덧칠해져 있었다. 오랜 세월 독일어와 프랑스어를 함께 사용하면서도 눈에 보이지 않는 국적에 따라 차별이 자행되었다. 슈바이처가 태어났을 때 알자스로렌은 독일 영토였다. 슈바이처는 프랑스계 이웃들이 단지 국적 때문에 자기들보다 불평등한 위치에 놓이는 것을 목격하며 성장했다.

같은 학교에 다니고 같은 종교를 믿고, 같은 언어를 사용하고 있음에도 심각한 차별과 배타가 당연하게 횡행하는 현실에서 어린 슈바이처는 깊은 의문에 사로잡혔다. 더구나 프랑스계 친구들이 불공평한 사회적 입장에 대한 보복으로 증오와 폭력을 수단 삼으면서 지역 목사 아들이었던 슈바이처는 자기 의사나 행동에 상관없이 큰 곤욕을 치르곤 했다.

하루는 슈바이처를 항상 괴롭히던 덩치 큰 프랑스인 동

급생과 싸움이 붙었다. 그 애를 넘어뜨려 배 위에 올라타고 다시는 이유 없이 괴롭히지 않겠다는 약속을 받아내려 했지만, 프랑스인 동급생은 슈바이처에게 "우리 아버지가 독일인 목사여서 나도 너처럼 매일같이 고기 수프를 먹었다면 지지 않았을 것이다"라고 화를 냈다.

 자신을 괴롭히는 친구의 성난 눈초리 뒤에 숨은 감추고 싶은 동경과 좌절……. 그날 저녁부터 슈바이처는 고기 수프를 먹지 않았다. 그리고 자신을 괴롭히는 폭력에 더 이상 두려워하거나 괴로워하지 않았다. 증오가 무엇에서 시작되었는지, 공포가 어디에서 만들어졌는지, 차별에 어떻게 대응해야 하는지 깨달았기 때문이다.

 그래서 서른여덟 살이 되던 해, 슈바이처는 철학 교수직이라는 명예와 신학자로서의 보장된 미래, 파이프 연주자로서의 풍요로운 생활을 청산하고 아프리카 대륙으로 건너가 아흔의 나이에 영면하기까지 의사로, 선교사로, 인간은 생명들에 둘러싸여 살아가기를 원한다는 생명외경사상을 설파하는 철학자로 흑인들뿐 아니라 인류를 위한 봉사의 삶을 살아갔다.

 《물과 원시림 사이에서》는 아프리카 대륙에서 겪은 슈바이처의 경험담에 그치지 않는다. 왜 우리가 나와 상관

없는 자들의 삶까지 돌봐야 하는가, 왜 우리에게 피해를 주는 자들의 삶에 개입하는 고단함을 자처해야 하는가에 대한 고찰이다.

유럽 주류 사회와 동떨어진 아프리카 대륙에서 반세기가 넘는 세월 동안 보답이 약속되지 않은 봉사에 일생을 헌신한 슈바이처는 봉사의 의미, 함께 살아갈 수밖에 없는 숙명에 대해 한마디로 정의한다. 그들의 평화가 곧 우리의 평화라는 것이다. 그들의 고통이 언젠가는 나의 고통이 되는 것, 그것이 지구에서 인류의 한 종속으로 태어난 인간의 운명이기 때문이다.

오늘날 세계는 여러 가지 곤궁에 빠져 있다. 그 이유는 우리가 아직도 진정한 문화에 도달하지 못한 채 지식과 능력과 이룩하는 업적이 곧 문화라는 착각에 사로잡혀 있기 때문이다. 이런 것은 외면적인 진보에 불과하다. 우리가 지금보다 더 선량하고 가치 있고 너그러운 인간이 되기를 바랄 수 있는 정신적인 진보가 동시에 이루어져야 한다. 그래야만 비로소 외면적인 발전과 진보에도 정당한 의미가 부여될 것이다.

우리는 전쟁에 대한 생각에 사로잡혀 있는 인간이 되어서는 안 된다. 그것은 전 세계에 불행을 가져올 뿐이다. 지속적인 평화를 갈망하는 마음에서 위대한 문화가 탄생한다. 공존하려는 충동이야말로 인류가 추구하는 문화의 본질이다. 세계 곳곳에서 중대한 문제로 발생하고 있는 대립과 폭력은 인간이 보다 인간적인 존재로 거듭나게 되었을 때 마침내 대안을 찾게 될 것이다. 인간이 보다 인간적인 존재로 거듭나는 첫걸음, 나는 그 출발점이 보다 깊은 인간성에서 우러나온다고 확신한다. 그리고 보다 깊은 인간성은 고통받는 이웃에게 공감하는 데서 생겨난다는 진리를 결코 의심하지 않는다.

익명의 폭력, 묻지마 사건들, 누군가의 종교적 정의를 위해 아무 상관 없는 자들이 죽어간다. 우리는 이웃의 삶이 고단해진 배경에 나의 책임은 없다는 생각에 눈에 보이는 거리의 절망과 소외된 아픔에 재빨리 눈을 감아버린다. 그리고 우리 삶에 그것들이 침범하지 못하도록 경계를 짓는다. 물론 일차적인 책임은 도움을 필요로 하는 이들에게 있는지도 모른다. 어리석은 실수와 나태로 생활을 책임지지 못하게 된 이들을 위해 왜 하필 내가 희생해야 하며, 그들의 아픔에 공감해야 하는가, 라는 의문은 인류가 지속되는 한 영원히 우리를 괴롭히는 질문이 될 것이다.

　봉사와 양보, 희생은 더불어 살아간다는 인류의 운명에서 강요된 고통이다. 그럼에도 우리가 이 고통을 감수하고, 때로는 이 고통에 자발적으로 참여해야 하는 까닭은 회복된 그들의 삶을 통해 우리를 두려움에 사로잡히게 하는 위협 하나가 줄어들기 때문이다. 그리고 어쩌면 우리의 삶이 더욱 풍요로워지고 안락해지는 기회가 생겨날 수도 있기 때문이다.

　결국 이 삶은 보이지 않는 누군가의 봉사와 양보, 희생을 발판 삼아 뿌리내렸다. 그렇게 우리는 서로 연결되어 살아간다. 따라서 우리는 그 흐름에 멍이 생기고 부패하고 고름이 흐른다면 그것은 언제든 나의 아픔이 될지도 모른다는 두려움에 시달릴 수밖에 없다.

인간은
서로를 비춘다

―장 그르니에,《카뮈를 추억하며》

　어쩌면 우리는 너무도 익숙해진 탓에 스스로를 잃어버리게 되는지 모른다. 자신을 잃어버리게 될지 모른다는 두려움 때문에 너무나 낯선 사람들, 나와는 생각도 말투도 바라보는 시각도 다른 이들 속으로 들어가는 것이 두려워지는지도 모른다. 타인과의 마주침으로 인해 그들과는 엄연히 다른 삶을 살아가고 있는 나의 진짜 모습이 지워지는 것은 아닐까 겁이 나는 것이다.
　새삼 익숙한 듯 낯설게 느껴지는 나의 표정과 행동은 나도 모르는 사이에 다수를 차지하고 있는 그들에게 물들어버린 결과일 수도 있다. 나와는 모든 것이 다른 사람들 사이에서 그들과 공존하는 법을 터득하는 대신, 어색하고 낯모르게 느껴지는 자기 자신을 발견하게 되는 것이다. 그때마다 치열한 경쟁과 팍팍한 일상에 휘말려 상처투성이가 된 것 같은 기분에 휩싸인다. 그리고 이제껏 외면해 왔던 나의 진정한 모습을 그리워하게 되는데, 그리움에 못 이겨 어떤 이들은 작정하고 고독해지는 방법을 택하기도 한다. 세상과 사람들로부터 떨어져 홀로이기에 충만한 시간과 공간을 찾아내려고 노력하는 것이다. 혼자만의 시간을 이겨내고 버텨낸다면, 그것은 결국 다른 누군가와도 행복하게 이어질 수 있다는 대답이 되지 않을까, 기대하면서 자기 안의 고독을 다스리려고 노력한다. 그런 노력들이 쌓여 인생의 무게는 한결 가벼워지고, 마음은 더욱 단단해지리라 믿어보는 것이다.

장 그르니에Jean Grenier도 다르지 않았다. 자기만의 감성과 언어로 세상을 걷고 바라보고 느끼고 사랑했노라, 나직이 속삭여보고 싶었다. 그래서 고독을 택했음에도 외롭지 않았고, 혼자 머무는 시간들이 축복처럼 여겨졌다.

나는 알베르 카뮈가 겨우 열일곱 살이었을 때 그를 찾아가 면담한 일을 언제까지나 잊지 못할 것이다. 1930년,

내가 알제 고등학교 선생으로 부임했을 때, 그는 철학반 학생이었다. 그는 신학기가 시작되어야 분주하게 수업 준비를 서두르는 많은 학생 가운데 하나였다. 천성적으로 규율이 없는 성격 때문이었을까? 나는 그에게 맨 앞줄에 앉으라고 말했다. 좀 더 잘 지켜보기 위해서였다. 아마 한 달쯤 지났을 때일 것이다. 그 무렵부터 오랜 기간 동안 그는 수업 시간에 모습을 보이지 않았다. 나는 그의 소식을 물어보고 다니다가, 그가 아프다는 말을 들었다. 그의 주소를 알아보았다. 그는 학교의 정반대 구역 끝에 살고 있었다. 그곳엔 가본 적이 없었지만 그래도 가보기로 결심하고는, 카뮈의 친구인 한 학생을 데리고 택시를 잡아 탔다. 우리는 그곳에 아주 일찍 도착했다. 그의 집은 초라했다.

—장 그르니에,《카뮈를 추억하며》

장 그르니에는 철학자를 꿈꿨다. 각박한 도시, 증오와 경쟁이 난무하는 세상에 염증을 느낀 나머지 삶이라고 불리는 것들로부터 해방되기를 갈구했다. 사소한 일상들에서 의미를 찾기보다는 인간 너머에 존재하는 초월적 존재가 되어 구원에 이르는 것, 그것이 장 그르니에가 원하는 삶의 법칙이었다.

　대학에서 철학 박사 학위를 받았지만 장 그르니에를 기다리고 있는 것은 그가 그토록 혐오했던 끈적거리는 일상의 치열함이었다. 생계를 위해서는 학문보다 취업이 우선이었고, 교사 자격증을 취득하려면 얼굴도 모르는 또래의 수많은 청년과 경쟁을 치러야 했다. 그렇게 교사가 되어 소도시 빈민가 아이들에게 그들 삶에 아무런 의미도 없는 철학을 가르치는 처지가 되었다. 그르니에는 하루빨리 철학자로 인정받아 이 난잡한 생활에 둘러싸인 자신의 삶을 해방시키고 싶었다. 그러나 세상은 갓 대학을 졸업한 젊은 청년의 목소리에 귀를 기울여주지 않았다.

　적성에도 맞지 않는 교사 생활에 넌더리가 날 무렵, 그의 수업을 듣던 알제리계 이민자 가정 출신의 한 학생이 장기결석자로 관리 대상에 오른다. 축구부 소속으로 수업에도 거의 참석하지 않던 학생이었다. 그가 사는 곳은 도시에서 가장 위험한 우범지대였고, 그르니에는 단지 그 학생이 자기 수업을 듣는다는 이유만으로 그런 위험한 곳을 방문해야 한다는 것이 억울하고 화가 났다.

　소년이 사는 마을은 기성 사회에 불신과 불만이 가득한 이민자들의 거리였다. 게다가 소년에겐 아버지가 없었다.

홀어머니는 프랑스어를 전혀 하지 못했다. 유일한 탈출구로 소년이 선택한 꿈은 축구 선수가 되어 돈을 버는 미래였지만, 포지션이 키퍼였던 소년은 무릎 부상으로 하나뿐인 꿈마저 잃어버렸다. 그가 학교에 나올 이유도, 그르니에의 수업을 들어야 할 이유도, 사회에 소속되어 합법적인 삶을 살아가야 할 이유마저도 모두 사라진 상태였다. 어두운 방에 누워 있는 소년의 눈동자는 사형수를 연상시켰다. 소년은 자신의 삶을 기각시킨 재판관을 바라보듯 그르니에에게 한없는 증오와 경계를 드러냈다.

그러나 이날의 만남은 그르니에에게 적지 않은 파동으로 다가왔다. 소년은 진실했고 꾸밈이 없었다. 그르니에가 살면서 만났던 그 누구보다도 자신이 하는 말에 신중했고 확신이 넘쳤다. 마치 자신의 전부를 걸고 말하는 것처럼 들렸다. 그래서인지 지독한 가난과 하나뿐인 꿈을 앗아간 저주스러운 부상, 아버지를 여의면서 깨닫게 된 비루한 세상을 향한 소년의 분노에는 강력한 힘이 있었다. 그르니에는 소년의 눈빛에서 세상을 바꾸고 싶어 하는 또 다른 그르니에를 발견했다. 세상과 인간에게 절망했다는 점에서 소년과 그르니에는 닮아 있었다. 교사와 학생, 철학자와 부상당한 운동선수, 서른두 살 성인과 열일곱 살 소년, 부유한 프랑스인과 가난한 이민자의 아들이라는 차이는 절망이라는 단어 앞에서 아무런 장벽도 되지 못했다.

헤어지기 직전에 소년이 물었다. 범죄자가 되지 않기 위해서는 어떻게 해야 되는지를……. 그르니에는 지금껏 한 번도 그런 걱정을 해본 적이 없었지만 자신이 생각해 낼 수 있는 최선의 방법을 소년에게 알려주었다.

책을 읽고 창작을 해볼 것…….

소년은 그르니에가 쓴 글을 읽고 싶어 했다. 그르니에는 세상에서 버림받은 자신의 글을 소년에게 보여주었다. 소년은 그르니에가 쓴 글을 읽고 따라서 글을 쓰기 시작했다. 소년의 글은 대담하고 노골적이었다. 인간과 세계에 대한 절망, 분노는 겁이 날 정도였다. 하지만 소년의 시선은 여전히 인간을 향하고 있었다. 세상으로부터 버림받았음에도 소년은 세상을 포기하지 못하고 있었다. 소년의 글은 절망에서 희망을 노래하고 있었다. 세상으로부터 절망한 그르니에가 세상으로부터 벗어나는 철학을 찾아 헤맸다고 한다면 소년은 세상의 밑바닥에 남아 절망이 시작된 곳에서 구원을 찾아내려고 했다.

그르니에는 소년을 바라보면서 인간에게 남아 있는 가

능성을 확인했다. 소년을 만난 이후로 그르니에의 철학은 인간에 대한 애정을 회복했다. 인간만이 세상을 바꿀 수 있다는 신념에 처음으로 의지하게 되었다. 세상으로부터 버림받은 가난한 이민자 소년은 자신을 버린 세상에서 오히려 그 본질로 나아가 잘못된 병폐를 추적하고 대안을 제시하려는 노력을 포기하지 않았다. 인간의 문제를 인간 안에서 해결하려는 소년의 몸부림을 바라보면서 그르니에는 자신이 겪은 절망과 상처의 해답이 소년의 삶을 통해 주어질지도 모른다는 기대를 품게 되었다. 피부색부터 나이, 환경, 학력 모든 것이 달랐던 한 소년을 만남으로써 그르니에는 오랜 세월 그를 가둬놓았던 좌절로부터 벗어날 출구를 찾았다.

마찬가지로 소년은 그르니에를 만남으로써 그를 괴롭혔던 가난과 자기혐오로부터 벗어날 출구를 찾았다. 세상을 향한 분노는 철학으로 바뀌었고, 소년을 포위한 가난하고 병든 삶은 인간 실존을 탐구하는 소설로 재탄생했다.

소년의 이름은 알베르 카뮈. 두 사람의 만남은 카뮈가 교통사고로 세상을 떠나기 전까지 30년간 변함없는 우정과 신뢰로 이어졌다.

나는 알베르 카뮈의 목소리가 왜 폐부를 찌르는지 잘 알고 있다. 그에게는 숨김도 암시도 없다. 방백으로도 어중간한 목소리로도 말하지 않는다. 무엇보다도 이것이 첫 번째 이유다. 그는 말해야 할 것을 직접적으로 말한다. 술책이 없다.

다음으로 그는 자기 자신의 전부를 걸고 말을 한다. 말을 하는 것은 그의 일부분이 아니다. 그는 타인에게 말을 걸 때 자신은 이것이고 타인은 저것이라는 식으로 걸지 않는다. 인간 대 인간으로 그들에게 말한다. 그는 그들의 가장 깊은 욕구, 그들의 가장 온전한 욕망을 표현한다.

자기 자신의 진실이 아닌 모든 이들에게 타당한 진실을 표현하려 애썼기 때문에 그만큼 더 광범위하게 읽혔던 것이다.

빈민가 출신 열일곱 살 소년 카뮈와 철학자를 꿈꾸던 서른두 살 교사 그르니에는 카뮈가 교통사고로 세상을 떠나기 전까지 235통의 편지로 교감을 이루었다. 그들은 끝내 서로를 담아내지는 못했다. 카뮈에게 인생이 원인과 결과가 조합되지 않는 부조리였다면 그르니에는 인생에는 그것을 뛰어넘는 인간의 감수성이 있다고 믿었다. 카뮈에게 문학은 부조리에 잠식당하기를 거부하는 반항하는 인간의 숙명이었고, 그르니에에게 문학은 인간을 보다 높은 곳으로 인도해주는 구원의 통로와도 같았다.

　이처럼 두 사람은 마지막 순간까지도 서로의 세계를 이해하거나 타협점을 찾아내지 못했다. 다만 상대방의 입장에서는 그럴 수도 있다, 라는 공감의 끈을 놓지 않았을 뿐이다. 완전히 다른 두 사람이 문학적 동반자로서 오랫동안 분열 없이 관계를 지속할 수 있었던 원동력은 카뮈와 그르니에의 '다름'은 분열의 수단이 아닌 각자의 삶과 철학에서 더 깊은 곳으로 내려가는 비밀의 열쇠였기 때문이다. 그들에게 서로의 다름은 차이가 아닌 제3의 대안이자 서로를 통하지 않고서는 볼 수 없는 새로운 지평이었다.

　그르니에가 있기에 카뮈로 존재할 수 있었다. 카뮈가 있었기에 그르니에로서 존재할 수 있었다.

인생을
고독하게 만드는 것들

―백석, 〈남신의주 유동 박시봉방〉

　욕심 때문에 우리는 사랑하는 이들을 잃는다. 그 모래탑 같은 세월에 갇혀 삶의 늦은 저녁이 찾아오는 순간, 무너져버린다.

　힘겹게 나만의 터전을 닦아놓아도 나를 사랑해주는 이들이 뒤를 따르며 써레질하는 수고가 더해지지 않는다면 나는 아무것도 아니다. 내 욕심과 자랑에 소중한 이들이 상처받을 수도 있음을 기억해야 한다. 나로 인해 누군가가 상처 입을 때쯤 내 마음에는 본인 스스로 할퀴고 뜯어낸 상처들이 난무하고 있다는 것을 명심해야 한다.

　우리는 떠나간 후에야, 잃어버린 후에야 그리워하는 못

된 습성이 있다. 혼자가 되었을 때, 더 이상 나 자신을 의지할 수도, 믿지도 못하게 되었을 때, 아무렇지 않게 여겼던 평범한 날들의 소중함을 깨닫는 것이다.

어느 사이에 나는 아내도 없고, 또,
아내와 같이 살던 집도 없어지고,
그리고 살뜰한 부모며 동생들과도 멀리 떨어져서,
그 어느 바람 세인 쓸쓸한 거리 끝에 헤매이었다.
바로 날도 저물어서
바람은 더욱 세게 불고, 추위는 점점 더해오는데,
나는 어느 목수木手네 집 헌 삿을 깐,
한 방에 들어서 쥔을 붙이었다.
이리하여 나는 이 습내 나는 춥고, 누긋한 방에서,
낮이나 밤이나 나는 나 혼자도 너무 많은 것같이 생각하며,
딜옹배기에 북덕불이라도 담겨 오면,
이것을 안고 손을 쬐며 재 위에 뜻 없이 글자를 쓰기도 하며,
또 문밖에 나가지두 않고 자리에 누어서,
머리에 손깍지베개를 하고 굴기도 하면서,

나는 내 슬픔이며 어리석음이며를 소처럼 연하여 쌔김질
하는 것이었다

―백석, 〈남신의주 유동 박시봉방〉

  1948년 10월 문예지 〈학풍〉에 실린 시인의 읊조림도 그와 같은 후회의 고백이었을 것이다. 열여덟 어린 나이에 조선일보 신춘문예에 당선된 천재 시인은 조선일보의 후원으로 일본에서 영문학을 공부하고 돌아온 인텔리였다. 요즘 시대에도 뒤지지 않는 화려한 외모와 불우한 가정환경을 극복하고 세상이 선망하는 천재 시인으로 등장한 성공 스토리…….

  백석은 서른 살이 되기도 전에 조선에서 가장 유명한 시인이 되었다. 시를 발표할 때마다 화제를 낳았고, 그가 편집을 맡은 잡지와 시집 《사슴》은 서점에 나오기가 무섭게 팔려나갔다. 문단으로부터는 극찬을 받고 독자들에게는 사랑을 받았다. 명성이 높아질수록 부담감은 더해온다. 성공의 신화 뒤편에는 아무도 봐주지 않는 고독과 수고에 따른 피로가 쌓이기 마련이다. 어려서부터 승리하고, 통과하고, 선발되고, 인정받는 데 익숙했던 백석은 실현되는 목표의 뒤안길에서 세금처럼 그를 기다리는 허무와 더 큰 성공을 향한 강요된 초조, 사람들의 당연한 기대에 지쳐갔다.

  백석은 점차 세상과 담을 쌓기 시작한다. 자신이 이룩한 성공 안에만 머물기를 고대하며 세상을 시와 시가 아닌 나머지 것들이라는 이분법으로 나눠버렸다. 시를 쓰는 것 외에는 문단 활동을 전혀 하지 않았으며, 외출 후 집에 돌아와서는 병적으로 몸을 씻었다. 바깥의 더러움이 자기 몸에 붙을까 두려워서였다. 이처럼 시작詩作에 방해가 된다고 생각되는 모든 활동에 백석은 결벽증을 보였다. 덕분에 시인으로 승승장구했지만, 생활은 폐쇄적으로 변해갔다. 그가 사랑했던 사람들이, 그를 사랑했던 사람들이 백석의 삶을 견뎌내지 못했다. 그럴수록 백석은 더욱 자기 안의 성공과 도전에 매몰되어갔다.

  그것으로도 모자랐는지 백석은 한국을 떠나 러시아와 만주를 떠돌며 시상詩想을 갈구한다. 자기 몸이 괴롭고 심정이 고독해질수록 더 좋은 시, 더 아름다운 시가 나오리라 기대하며 하룻밤에 시 100편을 쓰는 등 모든 오감과 여력을 창작에 희생시켰다.

  그러나 젊은 시인의 앞날은 그리 밝지만은 않았다. 해방 후 분단된 조국은 전쟁이 코앞이었다. 세상이 어지러운 가운데 사람들은 그가 쓴 시를 읽어줄 만큼 한가롭지 않았다. 시인은 사랑하는 가족들에게 기대려 했으나, 잘 나가던 시절에 돌보지 않았던 가족이 이제 와 그에게 힘이 되어줄 리 없었다. 시인은 정 많고 소박했던 고향 평안북도 정주 땅을 그리워하며 원치 않는 방황을 시작한다.

〈남신의주 유동 박시봉방 南新義州柳洞朴時逢方〉이라는 이 특이한 제목의 시는 시인 백석이 실제로 기거했던 남신의주 유동 지방의 박시봉이라는 목수의 집 헛간에 머물며 쓴 것이다. 편지 형식으로 완성시킨 서른두 줄짜리 시편은, 남신의주 유동에 있는 박시봉의 집에서 시인 백석이 인간 백기행(시인의 본명)에게 보낸 성찰과 반성, 내심 떨쳐버릴 수 없는 내일에 대한 기대를 담아낸 목소리였다.

이 시가 내 삶에 와닿은 것은 나 또한 욕심으로 내가 이룬 모든 것을 잃고 지쳐갈 때였다. 슬프고 부끄럽고 고통스러웠던 그날에 나는 박시봉방을 닮은 포도밭 가장자리의 허름한 농막에 우두커니 앉아 〈남신의주 유동 박시봉방〉을 읽고 또 읽었다.

내 가슴이 꽉 메어올 적이며,
내 눈에 뜨거운 것이 핑 괴일 적이며,

또 내 스스로 화끈 낯이 붉도록 부끄러울 적이며,

나는 내 슬픔과 어리석음에 눌리어 죽을 수밖에 없는 것을 느끼는 것이었다.

그러나 잠시 뒤에 나는 고개를 들어,

허연 문창을 바라보든가 또 눈을 떠서 높은 천장을 쳐다보는 것인데,

이때 나는 내 뜻이며 힘으로, 나를 이끌어가는 것이 힘든 일인 것을 생각하고,

이것들보다 더 크고, 높은 것이 있어서, 나를 마음대로 굴려가는 것을 생각하는 것인데,

　

돈을 벌어 가족을 먹이고, 하나뿐인 아들을 대학에 보내고, 내 명의로 된 집을 사는 것으로 충분한 줄 알았다. 그래서 직장에 다녔다. 직장조차 원하는 대로 구하기 힘든 요즘 세상에 비하면 나는 분명 시대를 잘 만났다고 볼 수 있다. 그래도 요새 사람들은 나와 달리 전쟁을 경험하지는 않았으므로 나의 경우는 전쟁터에서 죽지 않고 살아 돌아온 데 대한 성의쯤으로 여기고 싶다.

30년 넘게 월급쟁이로 눈칫밥 먹어가며 비굴하게 조직의 끄나풀로 살아온 덕분에 퇴직 후에는 제법 큰돈이 내

손에 쥐어졌다. 그리고 30년 넘게 나를 지배해온 물질의 명령에 따라 나는 내가 번 돈에 더욱 집착하게 되었다. 허황된 욕심으로 내가 가진 돈을 모처에 전부 투자해버린 것이다. 욕심의 대가치고는 너무나 처참했다.

  어쩌면 내가 다 쓰지도 못하고 죽을 돈이었다. 그럼에도 내 몸에는 관성처럼 돈에 대한 불안감, 지금보다 더 많이 움켜쥐어야 한다는 집착이 가득했다. 내가 어찌할 수 없는 지난날의 그림자였다. 가난과 고생은 나를 일으켜 세운 원동력이었지만, 나는 더 이상 가난하지 않은 시절에도 가난에 찌든 사람처럼 눈에 보이는 물질에 덤벼들었다. 그 결과로 내가 쌓아올린 모든 경력, 재산, 보잘것없는 명성까지 모두 잃어버린 채 버려진 농막에 기거하며 유일한 위로로 〈남신의주 유동 박시봉방〉을 읽은 것이다. 내 목숨처럼 지켜온 가족마저 나에게 실망하여 돌아설지 모른다는 두려움에 휩싸일 무렵, 나는 마침내 결심하게 되었다. 굳고 정한 갈매나무가 되어 주어진 나, 강요된 나에서 벗어나 내가 진정 원했고 그리워했던 내 모습으로 단 하루라도 살아가보기를 원하게 된 것이다. 일흔이 넘은 나이에 번역을 시작했고, 일흔이 넘은 나이에 쭈뼛거리며 나의 생각을 글로 옮겨보았다.

태어나 처음으로 돈을 위해서가 아닌 나 자신을 위해서 무엇인가를 시도한 경험이었다.

> 이렇게 하여 여러 날이 지나는 동안에,
> 내 어지러운 마음에는 슬픔이며, 한탄이며, 가라앉을 것은 차츰 앙금이 되어 가라앉고,
> 외로운 생각만이 드는 때쯤 해서는,
> 더러 나줏손에 쌀랑쌀랑 싸락눈이 와서 문창을 치기도 하는 때가 있는데,
> 나는 이런 저녁에는 화로를 더욱 다가 끼며, 무릎을 꿇어 보며,
> 어니 먼 산 뒷옆에 바우 섶에 따로 외로이 서서,
> 어두어오는데 하이야니 눈을 맞을, 그 마른 잎새에는,
> 쌀랑쌀랑 소리도 나며 눈을 맞을,
> 그 드물다는 굳고 정한 갈매나무라는 나무를 생각하는 것이었다.

긴 방황을 마친 백석이 다시 고향 땅을 밟았을 때 갑작스러운 해방이 찾아온다. 그리고 삼팔선 이북에는 공산주의 정권이 들어선다. 숱한 지식인들이 고향을 버리고 자유

를 찾아 남한으로 내려갔으나 백석은 평안북도 정주에 남는다. 전쟁이 끝난 이후 시인은 한동안 뜻에 맞지 않는 혁명을 찬미하는 시를 쓰는 등 원치 않는 시작에 내몰린다.

세상이 변하고 시대가 바뀌어 그의 말과 생각은 더 이상 백석 본인의 것이 될 수 없었다. 한때 결벽증을 보일 만큼 타협을 모르던 그의 성향이 전체주의로 뒤덮인 세상을 견뎌낼 리 없었다. 결국 체제에 방해가 되는 반동주의자로 낙인 찍혀 쉰이 넘은 나이에 양 떼를 기르는 목장의 파수꾼이 되고 만다. 죽는 날까지 북녘 하늘 아래서는 시를 쓰지 못하게 된 것이다. 남쪽에서는 월북 작가라는 오명 속에 오랫동안 출판 금지를 당했다. 1996년에 이르러서야 그가 사망했다는 것과 발표하지는 못했어도 어린아이들을 위해 꾸준히 동시를 써왔다는 사실이 알려졌다. 아마도 그 시는 백석의 생애 가장 순결하고 굳센 감수성들로 가득했을 것이다.

하이야니 눈을 맞으며 마른 잎새를 부끄러워하지 않겠다던, 어느 먼 산 뒷옆 바위 곁에 혼자 남아서도 외로워하지 않겠다던 시인의 성찰이 우리의 남은 삶에도 동행해주기를 바랄 뿐이다. 그리하면 이 작고 힘든 삶에서 외로움이라도 덜어지지 않을까 기대해보게 되는 것이다.

성실함으로 지켜내는
우리의 인연

―피천득,《인연》

　사람들이 잘 모르고 있는 사실이 있다. 별은 해가 중천을 가로지르는 대낮에도 어김없이 우리 머리 위를 비추고 있다는 것이다. 다만 햇빛에 가려 눈에 보이지 않을 뿐이다. 별빛이 비로소 우리 눈가를 적실 때는 어두운 밤이 짙게 내려앉은 한밤중이다.

　우리 삶을 지탱하고 구원해주는 힘은 별빛과도 같이 매일처럼 반복되는 공허하고 때론 의미 없다 여겨지는 하루하루들, 그 속에서 쌓여가는 작은 습관과 대수롭지 않게 반복되는 의무의 실천이 만들어낸 익숙함이다. 혼탁한 시대에 일상을 밝혀주는 빛은 눈부신 햇살이 아닌 한결같이 머리 위를 떠도는 별빛이다. 이 평범한 진리가 암흑이 지배하는 세상에서 우리 삶을 반짝이게 해준다.

생활을 구성하는 모든 작고 아름다운 것을 사랑함이 옳다. 내 옆을 지켜주는 낯익은 얼굴들을 욕망 없이 바라봐주고, 나보다 앞서가는 이를 부러워하고 질투하지 않으며, 넘어진 자가 있다면 밟고 지나가는 대신 그 사람만이 들을 수 있는 작은 목소리로 칭찬해준다. 마음에 들지 않는 구석도 있으며, 도저히 용납하기 힘든 난처한 모습도 많이 보이지만 세상이란 내가 살아가는 무대이므로 최선을 다해 좋아하려고 노력해본다. 말과 생각, 행동은 각기 달라도 나처럼 살려고 노력하는 마음을 내는 것을 가상히 여겨 아무도 미워하지 않겠다고 매일 아침 다짐한다. 그리고 나와 작으나마 인연이 있는 얼마 되지 않는 사람들을 사랑하며 살고 싶다. 그렇게 아픔 없이 점잖게 나이를 먹어가는 것이다.

금아琴兒 피천득이 마음으로 되뇌며 하루를 맞이한 각오였다.

눈이 예쁘고 웃는 얼굴을 하는 아사코朝子는 처음부터 나를 오빠같이 따랐다. 아침에 낳았다고 아사코라는 이름을 지어주었다고 하였다. 그 집 뜰에는 큰 나무들이 있었고 일년초 꽃도 많았다. 내가 간 이튿날 아침, 아사코는 '스위트피'를 따다가 꽃병에 담아 내가 쓰게 된 책상 위에 놓아주었다. '스위트피'는 아사코같이 어리고 귀여운 꽃이라고 생각하였다. (중략)

내가 동경을 떠나던 날 아침, 아사코는 내 목을 안고 내 뺨에 입을 맞추고, 제가 쓰던 작은 손수건과 제가 끼던 작은 반지를 이별의 선물로 주었다. 옆에서 보고 있던 선생 부인은 웃으면서 "한 10년 지나면 좋은 상대가 될 거예요" 하였다. 나는 얼굴이 더워지는 것을 느꼈다. 나는 아사코에게 안데르센의 동화책을 주었다.

—피천득,《인연》

'금아'라는 호는 춘원 이광수가 지어주었다. 일곱 살에 아버지를 여의고 열 살에 어머니마저 잃은 천애 고아로 자랐음에도 문학을 사랑하고, 사람을 사랑하고, 도통 세상이라는 곳을 미워할 줄 모르는 선한 성품에 감동하여 피천득(1910-2007)에게 '금아'라는, 풀이하자면 '거문고를 타고 노는 때 묻지 않은 소년'으로 영원히 살아가달라는 소망을 당부한 것이다. 그리고 이광수의 당부대로 피천득의 생애와 문학은 우리에게 언제든 마음만 먹으면 찾아가 위로받을 수 있는 어린 날의 외갓집처럼 순수했던 시절의 기억으로 가득하다. 그의 글과 삶의 순간들이 그를 읽고 아는 모든 이들에게 작지만 소중한 인연이 되어주는 까닭이다.

  1996년 여든한 편의 글을 모아 발표한 수필집 제목으로 '인연'이라는 말을 정해놓은 이유도 그 때문일 것이다. 일본 유학 시절 신세 진 하숙집 딸내미와의 스치듯 지나간 인연이 20년 넘는 세월에 걸쳐 이어지는 풍경을 담백하게 떠올린 동명同名의 수필 〈인연〉에서 피천득이 그리워하며 못내 아쉬워하는 아사코와의 추억은 우리가 잃어버린 순수함이다. 욕심 부리지 않고 나를 꾸며내지 않고 진솔하게 세상을 대할 줄 알았던 소박한 인연들이 어느덧 물질 앞에서 속셈을 의심하게 되고, 한 줌도 되지 않는 명예를 위해 비굴해지고 때로는 거만해진 데 따른 피로감이 순수함에 대한 그리움을 불러냈다.

  소년이 어른이 되어 세상을 살아간다는 건 아름다운 일이 아니다. 소중하고 아름다운 인연들이 훗날 변질되어 상처가 되고 후회로 남는 것은 우리가 더는 그때의 소년이 아닌 탓이 크다. 인연이란 주고받음이므로 변해버린 내가 변해버린 남을 책하고 원망하는 것은 어리석은 짓이다. 피천득의 수필을 읽을 때마다 변해버린 나를 깨닫는다. 그리고 아주 잠시 동안만이라도 순수하고 자연스러웠던 한때로 돌아가곤 한다.

나이가 들수록 말년에 대한 근심이 더해간다. 살아온 햇수가 쌓여갈수록 도드라지는 아집, 독선, 물질과 허영에 대한 정력, 지칠 줄 모르는 집착 등이 인생을 불공평하게 만든다. 금아는 나이에 상관없이 소년처럼, 신선처럼 순진무구하게 가벼웠다. 오죽하면 사랑하는 막내딸이 미국으로 유학을 떠나자 딸이 늘 안고 지내던 인형에게 이름을 지어주고는 딸을 대신하여 인형을 씻기고 잘 때는 품에 안고 지냈다. 쉰이 넘은 아버지가 어린 딸의 인형을 이토록 애틋하게 대하는 예를 세상에서 다시 찾기는 어려울 것이다.

딸에 대한 그리움인 동시에 다른 이가 사랑하고 소중히 여기는 것들을 향한 연민과 애절함이다. 그 따뜻한 마음의 반대편에는 자신에 대한 칼날 같은 엄격함이 숨어 있었다.

그 집에 들어서자 마주친 것은 백합같이 시들어가는 아사코의 얼굴이었다. 《세월》이란 소설 이야기를 한 지 10년이 더 지났었다. 그러나 그는 아직 싱싱하여야 할 젊은 나이다. 남편은 내가 상상한 것과 같이 일본 사람도 아니고, 미국 사람도 아닌, 그리고 진주군進駐軍 장교라는 것을 뽐내는 것 같은 사나이였다. 아사코와 나는 절을 몇 번씩 하고 악수도 없이 헤어졌다.

그리워하는데도 한 번 만나고는 못 만나게 되기도 하고, 일생을 못 잊으면서도 아니 만나고 살기도 한다. 아사코와 나는 세 번 만났다. 세 번째는 아니 만났어야 좋았을 것이다.

오는 주말에는 춘천에 갔다 오려 한다. 소양강 가을 경치가 아름다울 것이다.

1910년 서울에서 태어난 피천득은 원래 영문학자다. 1974년까지 서울대학교 영문과 교수를 지내며 수많은 제자를 길러냈다. 평범하고 일상적인 소재를 섬세하고 간결한 언어로 표현하며 남녀노소에게 사랑받는 유명 작가로 평생을 살았으나 백수百壽를 2년 앞두고 세상을 떠나기까지 기름보일러로 힘겹게 난방을 유지하는 오래된 작은 아파트 1층에서 수십 년을 검소하고 소탈하게 생활했다. 그

집을 찾는 이에겐 이름도 묻지 않고 두말없이 값싼 녹차부터 대접했으며, 서재는 피천득이라는 이름이 초라해 보일 만큼 소박했다. 책도 엄연한 인연이므로 분에 넘치게 소장하면 소홀해질 수 있다는 이유에서였다. 작가의 명성에 기대어 오라는 곳도 많았지만 어딘가에 속한다는 것은 그곳에 속하지 않은 이에게 상처가 된다는 이유로 사람을 가르치는 일 외에는 공적인 자리를 모두 마다하는 강단이 있었다. '금아'라는 이름이, 그 소중한 인연들이 저절로 지켜지는 것은 아니었다.

  그는 우리에게 잘 늙고 잘 살아가는 것이 어떤 모습인지를 일깨워주었다. 몸의 기력이 다하기 전까지 자신이 나이 들어 변해간다는 것을 보이지 않기 위해 노력했다. 나이 때문에 못 한다는 말을 듣게 될까 두려워했으며 자신의 이름을 기억하는 이가 늘어나는 만큼 겸손해지려고 무던히 애를 썼다. 그래서 술과 담배는 젊어서부터 멀리했다. 술과 담배로 인해 잃게 될 수도 있는 것들이 너무나 소중했기 때문이다. 운동도 평생 산책이 고작이었는데 이 작은 습관을 하루도 그냥 넘어가지 않고 실천했다. 빼놓지 않았던 것은 독서와 음악 감상이었다. 특히 브람스를 좋아했다. 클래식 음악을 틀어놓고 혼자만의 시간을 갖는 것으로 피로를 풀고 삶의 활력을 되찾았다.

　많은 것을 좇지 아니하되 자신이 좋아하는 몇 가지에 최선을 다했다. 여러 사람을 만나고 다양한 세계를 여행하는 등의 폭넓은 경험을 추구하지는 않았으나 자신이 머무르고 있는 공간, 주어진 세계를 자신의 취향과 언어, 생각으로 가득 채우려고 누구보다 정열을 쏟았다. 살아생전에 본인의 삶을 가리켜 죽어서 천당에 가도 딱히 할 말이 없는 지루한 인생이라고 평하였던 것은, 깊이 들여다보면 남을 아프게 한 적도, 누군가에게 원망을 들을 만한 일도 하지 않았다는 자부심의 에두른 자랑이었을 것이다.

　그런 삶의 뒤안길에는 소중한 것들을 지켜내기 위해 때론 부끄러운 선택을 할 수밖에 없었던 기억들이 잔상처럼 남아 있다. 피천득은 독립운동에 나서지도 않았고, 독재에 맞서 투쟁하지도 않았다. 우리나라 최고 대학의 존경받는 교수, 수많은 독자의 심금을 울리는 문학가……. 하지만 그는 도산 안창호의 장례식장 입구까지 찾아갔다가 혹시라도 경찰 조사를 받게 되는 건 아닐까 두려워 발길을 돌렸으며, 일제가 세운 경성제국대학교 교수직도 마다하지 않았다. 후원자였던 춘원 이광수의 친일 행적에 대해서도 비난하지 못했다. 민주주의를 외치며 거리에서 쓰러져가는 제자들에게 죄를 짓는 마음으로 강의실에서 그를 기다리는 더 많은 제자의 내일을 보듬었다. 누군가를 아프게 하지는 않았으나, 발 벗고 나서서 아픈 누군가를 대신해주지도 못했다는 자책은 분명 괴로웠을 것이다.

 괴로움을 안고 그는 더더욱 자신의 삶을 갈고닦았으리라. 지켜야 하고 사랑해야 마땅한 일상의 순간순간들을 허투루 보내지 않고 기억하려 애썼을 것이다. 그래서 나와 같은 시간에 각자의 일상을 살아가는 이웃의 삶을 고귀하고 영롱한 꽃을 바라보듯 아름답게 여길 수 있게 되었을 것이다.

 피천득의 글에서 이토록 오랜 시간 생명력이 느껴지는 원동력은 누구나 품을 수 있는 소박한 마음으로 일상의 정갈함을 소중히 담아냈다는 데 있다. 그의 작품을 읽고 나서 긴 여운이 남는 까닭은 소년 같은 진솔한 마음을 지켜내기 위해 계산된 만남에 잠식되지 않은 작가의 고집과 희생이 가득하기 때문이다.

 글 한 편에 담긴 맑은 언어, 그 언어가 만들어지기까지 피천득이 100년에 가까운 세월을 남몰래 지켜왔던 작지만 성실한 나날들. 타인의 가슴을 울리며 잃어버린 인연을 대신해준다는 것……. 여전히 그의 글을 찾는 오늘의 우리들이야말로 피천득이 생전에 소망했던 가장 큰 인연이자, 특별하지는 않지만 그래서 더욱 '나'로 충만했던 하루하루의 힘이 아닌가 생각한다.

더불어 사는 것이 고통으로 변질된 시대를 위로하며

―양귀자,《원미동 사람들》

아주 오래전에도 인간은 성공이라든가 행복, 명예를 추구하며 살아왔다. 그리고 이런 것들을 얻지 못했을 때는 실패한 인생이라며 좌절하곤 했다. 이 밖에도 인간은 사람과의 관계, 친구들, 마음의 상처, 어울리지 못하는 고통 등으로 괴로워했다. 인터넷이나 소셜 네트워크가 난립하는 것도 아니고, 모두가 선망하는 대기업 입사가 출세의 잣대로 판가름 나지도 않고, 강남 아파트 한 채가 수십억 원을 호가하지도 않던 시절, 농사나 잘 짓고 밥 세끼 먹는 걸로 원 없이 살아갈 수 있던 시절에도 사람들은 서로에게 상처를 입히거나 그 때문에 의욕을 잃고 눈물을 흘리고, 심한 경우에는 스스로 목숨을 끊기도 했다. 그리고 곁에 있는 사람들을 통해 구원받곤 했다.

　세상이란 아주 넓고 다양해서 크기가 가늠되지 않는 터라 답답함이 밀려오고 그것이 심화되어 뭔가를 해보기도 전에 주눅이 들곤 하는데, 세상이라는 곳을 정의해보자면 답은 사람이다. 우리는 사람들과 함께 살아가고 있다. 우리의 인생은 사람들 이야기다. 그래서 사람에게 용기를 얻고, 사람에게 길을 인도받고, 사람들 도움으로 꿈을 이루어나간다.

　따라서 반대의 이야기도 존재한다. 사람에게 실망하고, 사람들이 나를 방해하고, 사람들에게 걸려 넘어지는 경우다.

　인생은 꽤 많은 자격을 필요로 한다. 인생이 요구하는 자격들에는 공통점이 있다. 열정을 뿌리로 하고 있다는 점이다. 열정 없이는 아무것도 이루어지지 않는다. 아니, 열정 없이는 무엇인가 해보려는 생각도 들지 않고, 무엇인가 되고 싶다는 꿈도 생기지 않는다. 열정이야말로 인생의 시작인 것이다.

　그리고 열정은 사람으로부터 생겨난다.

여자가 원미동 사람이 된 것은 지난가을이었다. 원미동 23통의 모양새를 알기 쉽게 이야기하자면 그것은 흡사 장터 객줏집의 국자와 같은 꼴이었다. 국자의 손잡이 부분에 원미지물포, 그의 행복사진관, 써니전자, 강남부동산, 우리정육점, 서울미용실 등이 한 켠으로 촘촘히 박혀 있고, 맞은편에는 강노인이 푸성귀를 일궈먹는 밭과 무궁화연립, 그리고 김반장의 형제슈퍼가 자리 잡고 있었다. 손잡이가 끝나고 종구라기 모양의 몸통이 시작되는 부분은 노상 이것저것 잡다한 종류의 가게가 문을 열었다가는 슬그머니 사라지고 또 누군가가 새로운 가게를 열었다가는 이내 문을 닫고 하는, 말하자면 원미동 23통의 사각지대였다.

―양귀자,《원미동 사람들》

한 사람과의 만남이, 때로는 한 지역과의 만남이 우리의 일생을 바꿔놓기도 한다. 그래서 이웃과 내가 살고 있는 지역은 현재의 내 모습이라고 해도 과장된 표현이 아니다. 양귀자(1955-)도 다르지 않았다. 전라북도 전주 태생인 그녀는 고향에서 대학을 졸업하고 그곳에서 교사로 재직하던 중에 소설가로 등단했다. 그녀가 부천시 원미동으로 이주한 것은 80년대 초반. 결혼 후 본격적인 작품 활동을 시작하기 위해 서울로 상경했지만 눈만 뜨면 치솟는 집값에 마음 편히 살 집을 구하는 기본적인 조건을 채워 나가는 것부터가 녹록하지 않았다. 집을 비워주기로 한 날짜는 다가오고, 급한 마음에, 그리고 이 비루한 현실에 지쳐버린 반항심에 어느 날 문득 전철을 타고 정처 없이 내달리다가 멈춘 곳이 원미동이었다. 한눈에도 부유함과는 거리가 있는 집들, 나아지지 않는 살림살이가 벗겨지지 않는 피부색처럼 초라하게 물든 사람들의 행색……. 그녀가 처한 형편과 비교적 잘 맞는 것 같았다. 충동적으로 그녀는 그곳의 집을 계약해버렸다.

이곳에서 양귀자는 다양한 이웃의 삶과 마주한다. 80년대 초반 원미동은 고향을 떠나 새로운 터전에서 미래를 준비하는 이들의 집합소였다. 전국 각지에서 올라온 사람들이 연탄 배달도 하고 날품팔이도 하고 공장에도 다니고, 넥타이를 매고 서울로 출근도 했으며, 장사를 해서 먹고살기도 했다. 한편에는 여전히 밭에 인분을 뿌려가며 농사를 짓는 토박이들도 있었다. 작가의 눈에 그들 모두는 낯선 도시에서 살아남기 위해 안간힘을 쓰는 외로운 영혼들이었다. 작가는 원미동 사람들에게서 동병상련의 애잔한 향수를 느꼈다. 그렇게 그들은 서로에게 소중한 이웃이 되었다. 소설《원미동 사람들》의 시작이다. 원미동의 이름 없는 이웃들이 무명의 소설가 양귀자를 매일 밤 원고지로 인도했다. 오랫동안 그녀를 괴롭혔던 명확하지 않은 내일에 대한 불안을 소설에 대한 열정으로 바꿔 놓았다. 한국을 대표하는 소설가가 탄생하게 된 배경이다.

"이거, 또 시예요?"

"그래, 슬픈 시야. 아주 슬픈……."

몽달 씨가 핼쑥한 얼굴을 쳐들며 행복하게 웃었다. 슬픈 시라고 해놓고선 웃다니. 나는 이맛살을 찡그리며 몽달 씨 옆에 앉았다. 그리고 아주 낮은 목소리로 물었다.

"이제 다 나았어요?"

"응, 시를 읽으면서 누워 있었더니 금방 나았지."

금방은 무슨 금방. 열흘이나 되었는데. 또 한 번 나는 몽달 씨의 형편없는 정신 상태에 실망했다.

"그날 밤에 난 여기에 앉아서 다 봤어요."

"무얼?"

"김 반장이 아저씨를 쫓아내는 것……."

순간 몽달 씨가 정색을 하고 내 얼굴을 쳐다보았다. 예전의 그 풀려 있던 눈동자가 아니었다. 까맣고 반짝이는 눈이었다. 그러나 잠깐이었다. 다시는 내 얼굴을 보지 않을 작정인지 괜스레 팔뚝에 엉겨 붙은 상처 딱지를 떼어내려고 애쓰는 척했다.

어느 디자이너의 말을 빌리자면 사람마다 각기 자신에게 가장 잘 어울리는 색이 존재한다고 한다. 그 말은 나와 어울리지 않는 색도 있다는 것이다. 그래서 우리는 나에게 가장 잘 맞는 색을 찾아내기 위해, 또한 나와 어울리지 않는 색을 피하기 위해 상당한 비용과 수고도 마다하지 않는다. 그게 때론 너무나 피곤하고 지나치게 강압적이다. 나한테 절대로 어울리지 않는 색상만 피하면 될 것을 끊임없이 더 나은 색이 없는지 비교하고 계산하고 고민한다. 잘못된 색을 골랐을 땐 실패했다는 아쉬움으로 끝나지 않는다. 내가 왜 그랬을까, 왜 좀 더 기다리지 않았을까, 상처받는다. 나에게 좀 더 어울리는 색으로 덧칠해 수정하는 방법이 있다는 것을 떠올리지 않는다.

이것은 나 자신을 만들어가는 과정에서 겪게 되는 이야기인 동시에 곧 사람들을 상대하는 방법이기도 하다. 나와 너무나도 잘 어울리는 단 하나의 색을 찾기보다는 절대로 선택해서는 안 될 최악의 색들을 먼저 골라낸다. 나에게서, 그리고 사람들에게서……. 그렇게 생각을 바꾸면 자유롭게 폭넓은 색상의 어울림을 즐길 수 있게 된다. 가장 잘 맞는 하나를 찾기보다는 가장 맞지 않는 색들을 피해나가는 것이다.

 이제라도 내가 가장 좋아하는 일을 선택해야 하는 건 아닌지 고민된다. 지금 하고 있는 일이 과연 나의 적성과 능력에 딱 맞는 단 하나의 색깔인지 의심스럽다. 지금 함께하고 있는 사람들이 나와 둘도 없이 어울리는 색깔들인지 의심스럽다.

 내게 어울리는 단 하나의 색을 찾아낸다면 이보다 좋을 수는 없을 것이다. 하지만 현실적으로 좀 더 쉬운 길은 제법 잘 어울리는 색을 여러 개 찾아내 버무리는 것이다. 내가 해야 할 일이, 내게 어울리는 사람들의 종류가 단 하나뿐이라고 성급히 결론 내려서는 안 된다. 그것은 진실이 아니다.

 세상의 어떤 모습도 가치가 있다. 이 세상은 단색이 아니기 때문이다. 문제는 내가 무엇을 보고, 어떻게 생각하느냐에 달렸다. 스스로 정해놓은 한계와 조건에 얽매여 주어지는 상황들에 고개를 내젓거나, 지레 짐작으로 겪어

보기도 전에 사람들에게서 손을 빼낸 건 아닌지 돌아봐야 한다. 세상이, 사람들이 나를 알아주지 못한다고 불평하기 전에 세상으로부터, 사람들로부터 나에게 어울리는 색을 찾아내려고 노력해봤는지 반성해야 한다. 그들과 꽤 잘 어울리는 나만의 색이 분명 있었을 것이다. 더 좋은 기회, 더 나은 관계는 기다린다고 해서 주어지지 않는다.

지금 하는 일에서 최선을 다하지 못한다면 다른 일을 선택해본들 똑같은 실망을 겪게 될 것이다. 지금 함께 머무는 사람들에게 진실한 나를 보여주지 못하고 그들과 어울리지 못한다면 다른 관계에서도 똑같은 실패를 반복하게 될 것이다.

내가 살아가는 작은 울타리를 덧칠하며 살아간다. 그 울타리 안쪽에는 사랑하는 사람들이 살고 있다. 그 울타리 안쪽에서 세상과의 교감이 진행된다. 나 혼자 살아가는 것이 아니라는 얘기다. 그래서 희망과 절망, 폭력과 소외, 갈등과 이해가 교차한다. 사소한 일로 말다툼이 벌어지고 작은 오해로 개인들의 삶이 부스러지기도 한다. 함께 살아간다는 것에는 기쁨보다는 고통이 더 큰 법이며, 그런 고통을 참고 인내하는 가운데 비로소 이해와 희망이 확장되어 나와 다르지 않은 세상을 내 목숨만큼이나 소중히 여기게 되는 것이다.

   그 마음으로부터 더 멀리, 더 오랫동안 걸어갈 수 있는 힘을 얻게 되기를 바란다.

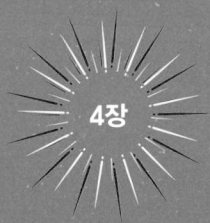

암울한 시대를
현명하게 건너는 법

나의 삶을 누군가에게
빼앗긴 것은 아닐까

―프란츠 카프카, 《변신》

　프란츠 카프카는 부유한 유대계 상인 집안의 장남으로 태어났다. 아버지 헤르만 카프카는 프라하에서 공장을 경영하며 자수성가한 사람으로 전통에 집착하는 인물이었다. 친족들 중에서 가장 성공한 사람을 아버지로 둔 카프카는 어린 시절부터 부족함을 모르고 자라난 온실 속의 화초 같았다. 그런 아들을 바라볼 때마다 세상이 얼마나 험난한 곳인지를 누구보다 잘 알고 있다고 자부하는 아버지는 엄해질 수밖에 없었고, 아들이 자기처럼 독립적이고 강인한 정신력에 길들여져야만 한다고 생각했다. 천성이 예술가로 감수성이 예민했던 카프카는 아버지가 구축한 가족이라는 집단에 소속되기 위해 스스로를 억누르고 불만을 달래며 고통스러운 상처를 견뎌내는 것이 치욕스럽기만 했다.

 사업가인 헤르만은 문학에 소질이 있는 아들이 항상 못마땅했다. 문학을 공부하고 싶다는 아들을 반강제로 프라하대학교 법학부에 집어넣은 것도 헤르만이었다. 헤르만은 언제나 불만이 가득한 얼굴로 제 방에 틀어박혀 무언가를 쓰는 아들을 이해하려고도, 아들과 대화하려고도 하지 않았다. 그저 지금은 한창 젊은 나이다, 내가 무엇을 얘기해줘도 저 아이는 자기 생각이 정당하다고 고집을 부릴 게 뻔하다, 돈벌이도 안 되는 문학이 다 뭐란 말인가, 언젠가 내 나이가 되면 그때 이 아버지가 얼마나 현명했는지 깨닫게 될 것이다 하며 스스로를 정당화하기에 급급했다. 그렇게 부자간의 장벽이 점점 높아지는 사이 카프카는 대학을 졸업했고, 아버지의 기대에 부응하고자 법학 박사 학위까지 취득했다. 겉으로 보기엔 더없이 평화로운 가정이었다. 부유한 아버지와 그런 아버지의 기대를 충족시켜준 젊은 아들……. 그 아들은 정부에서 운영하는 노동자재해보험국의 법률담당 관리로 임용되었고, 헤르만은 자신의 판단과 결단이 옳았다고 자부했다. 프라하의 유대인

사회는 그들 부자를 가정교육의 정답으로 인정했다.

그러나 헤르만은 끝내 한 가지 사실을 깨닫지 못했다. 카프카의 인생에서 아버지는 거대한 장벽이었다는 것이다. 아버지가 제시한 집단에 소속되는 것이 아들이 꿈꾸는 미래를 짓밟고 무너뜨리는 장애물로 변질되었다는 것을 그는 끝내 깨닫지 못했다. 어린 시절부터 아버지의 명령에 따라 움직인 카프카의 마음속에는 근원을 알 수 없는 분노와 절망이 쌓여갔다. 그것은 강압적인 아버지에 대한 반감이었으며, 그런 아버지로부터 벗어나지 못한 채 자신의 인생을 아버지 손에 내던져버린 나약한 자아에 대한 불신이었다. 이후 카프카는 세 번이나 약혼했지만 모두 파혼했고, 내성적이며 비사교적인 인물이 되어 고독한 세월을 견뎌야만 했다. 그나마 다행인 것은 시련과 갈등이 그의 문학적 재능에 불을 붙였다는 점이다. 아무런 이유도 없이 하루아침에 인간에서 거대한 곤충이 되어버린 《변신》의 주인공 그레고르 잠자는 독립된 개인으로는 단 하루도 살아보지 못한 프란츠 카프카의 상처받은 내면이었다.

어느 날 아침, 그레고르 잠자는 불안한 꿈에서 깨어나 자신이 침대 속에서 한 마리 흉측한 벌레로 변해 있는 것을 발견했다. 그는 갑옷처럼 딱딱한 등을 밑으로 하고 위를 쳐다보며 누워 있었다. 머리를 약간 쳐들자, 아치형으로 부풀어 오른 갈색의 복부가 보였다. 복부 위에는 몇 줄기의 골이 져 있고, 골 부분은 움푹 들어가 있었다. 복부의 불룩한 부분에 걸쳐 있는 이불은 금방이라도 완전히 미끄러져 내릴 것만 같았다. 수많은 다리가 그의 눈앞에서 불안하게 꿈틀거리고 있었는데, 몸통의 크기에 비하면 다리는 비참할 정도로 매우 가늘었다.

'이게 도대체 어떻게 된 일인가' 하고 그는 생각했다. 꿈은 아니었다. 주위를 둘러보니 매우 작기는 하지만, 어쨌든 인간이 사는 보통 방, 틀림없는 평소의 자기 방이었다.

—프란츠 카프카,《변신》

'소속되다'라는 동사는 인간과 집단 사이에 맺어진 약속이 실천되었을 때 비로소 사전적 의미를 내포하게 된다. 모든 집단에는 그 집단에서만 통용되는 약속이라는 것이 있다. 그들이 이룩한 세계를 유지하는 방편으로 개개의 집단은 여러 가지 제약과 관습이라는 체계를 갖춰놓았다. 인간은 집단이 요구하는 약속과 그들이 정해놓은 도덕을 지키는 대가로 그 세계 안에 소속되도록 허락된다. 집단의 허락이 떨어져야만 사회성을 지닌 존재로 성립되는 것이다. 따라서 집단과의 약속을 위배하는 자는 죄인으로 낙인찍혀 세계로부터 추방당한다.

《변신》의 주인공 그레고르 잠자의 비극은 그가 자신이 소속된 세계와의 약속을 의심하는 데서 시작되었다. 유능하고 근면한 세일즈맨 그레고르 잠자는 한 가정의 기둥이다. 월급을 받아 가족을 부양하는 가장이며, 한편으로는 부모가 진 빚을 꼬박꼬박 갚아나가는 멍에를 불평 한마디 없이 지고 나가는 가족의 지주다. 그 대가로 그는 자신에 대해 돌아볼 여유와 기회를 박탈당한 채 살아간다. 자기 자신이 무엇을 좋아하고 무엇이 하고 싶은지 스스로에게 물어볼 겨를도 없이 가족을 위해, 그리고 자신이 소속된 집단을 위해 희생하며 살아가는 것이다.

그러던 어느 날 그레고르 잠자는 갑작스레 이런 생각을 하게 된다. '부모님이 남겨놓은 빚만 아니었다면 벌써 오래전에 퇴직해 직업에서 해방되고 나를 괴롭히는 사장에게 하고 싶은 말을 마음껏 털어놓지 않았을까…….' 그런데 바로 이런 생각, 나의 삶을 누군가에게 빼앗긴 것은 아닐까 하는 자각, 한발 더 나아가 이제라도 내가 원하는 삶이 내 앞에 주어지기를 소망해야 되지 않을까 기대하는 순간, 그는 자신을 둘러싸고 있는 꽉 막힌 현실을 인식하게 된다. 새로운 나(가족이나 직장, 사회, 국가가 원하는 내가 아닌), 나 자신이 원하는 모습으로 바뀌고 싶다고 처음으로 생각한 그다음 날에 그는 흉측한 벌레가 되어 잠에서 깬다.

주인공 잠자는 한 집안의 선량한 아들로서 최선을 다해 의무를 책임져왔다. 사회적으로도 모범적인 시민이었다. 그러나 다른 한편에서는 자신이 가족과 사회를 위한 존재였을 뿐, 자기 자신을 위한 존재는 아니었던 것 같다는 의심이 지워지지 않았다. 자신의 본래적 가치를 상실당한 상태로 살아왔다는 반증이었다. 문제는 그레고르 잠자가 자신의 본래적 가치를 포기하고 스스로의 삶에 의구심을 품지 않았기 때문에 지금껏 선량한 아들로, 모범적인 시민으로, 인정받는 직장인으로 이 세계에 머무르는 것이 허용되었다는 점이다.

그레고르 잠자가 소속된 현대사회는 개인의 자각을 허용하지 않는다. 현대사회는 경제적인 구조의 특성에 따라 인간을 직업이라는 형태로 정의하고 있기 때문이다. 인간과 사회의 약속에 따르면 인간은 한낱 톱니바퀴에 불과하다. 사회가 요구하는 기능을 철저히 수행하는 것이 인간의 목표다. 그러므로 현대사회에서는 직업이 인간의 유일한 존재 형식이 된다. 기능적인 존재에서 벗어나고 싶은 인간의 본질적인 충동은 현대사회에 대한 거역이다. 사회가 강요하는 기능적인 형식을 버리고 자각을 통해 자기만의 삶을 꿈꿨던 그레고르 잠자는 거대한 벌레 취급을 받으며 가족으로부터, 동료로부터, 사회로부터 추방당하는 비극을 겪게 된다.

그레고르 잠자의 비극은 직업이라는 현대사회의 율법을 거역한 결과다. 이는 곧 아버지로 대변되는 집단의 인간들로부터 패배자, 낙오자, 불필요한 존재로 취급받았던 카프카의 절망이 형상화된 모습이기도 했다.

나는 지난 5년 동안 외판원 생활을 하면서도 아직껏 앓아본 적이 없어. 아프다고 말하면 사장은 건강보험의사를 데려올 테고, 아들이 게으르다며 부모님을 나무랄 것이 뻔해. 의사에게 일단 진찰을 받으면 아무리 발뺌해도 만사가 끝장이야. 건강보험의사가 내 몸을 본다면 아무런 이상도 없고 단지 일하기 싫어 꾀를 부린다고 진단할 테니까.

그가 이런 생각에 빠져 있다가 이제 그만 침대에서 일어나야겠다고 결심했을 때, 그때 시계가 6시 45분을 가리켰다. 마침 침대 머리맡 쪽에 있는 문을 조심스럽게 두드리는 소리가 들렸다. "그레고르야." 어머니가 부르는 목소리였다. "6시 45분이다. 일 안 나가니?"

프란츠 카프카는 두세 번의 연애 사건을 제외하면 겉으로 보기에 아무런 파란곡절도 없는 매우 평범한 일생을 보냈다. 그러나 내면은 극히 불행한 고뇌의 41년이었다. 카프카의 고뇌는 거대한 벌레가 된 그레고르 잠자의 방황을 그대로 답습하고 있다. 그레고르 잠자의 방황은 어느 세계에도 소속되지 못한다는 데서 빚어진 공포였다. 그레고르 잠자는 사람도 아니고 벌레도 아니었다. 차라리 완전한 벌레가 되었더라면 행복했을 것이다. 카프카는 많은 세계에 조금씩 소속되었지만 그 어느 곳에도 완전히 속하지는 못했다. 유럽에서 태어났으나 민족은 유대인이었고, 기독교 세계에는 영원히 소속될 수 없었다. 체코에서 태어났지만 독일어로 글을 썼으며, 그 당시로는 꽤 높은 고위직인 노동자재해보험국 관리였으니 일반 서민계급은 아니었다. 아버지가 공장을 경영했으므로 노동자 계급도 아니었다. 스스로를 작가라고 생각했지만, 생전에 그의 책은 고작 몇 권만 출판되어 아무런 명성도 얻지 못했다. 수많은 세계에 발을 들여놓고, 그 세계를 통해 대학을 졸업하고 직업을 얻고 사랑을 나누고 작가가 되었지만 결국 자기 자신이라는 세계를 완성하지 못한 데서 비롯된 자존감의 전락은 폐결핵으로 요양원에서 쓸쓸히 죽어간 카프카의 그림자인 동시에 여전히 외부에서 자신의 존재 이유를 찾으려 하는 수많은 현대인의 말로인 것이다.

　인간은 집단에 소속되어 자신의 가치를 인정받으려고 시도한다. 그러나 우리도 모르는 사이에 수단이 목적으로부터 독립해 거꾸로 목적이 수단의 지배를 받기에 이르렀다. 이제는 직업이라는 가치가 인간을 지배하고 있다. 남들이 선망하는 직업, 사회적으로 대접받는 기능을 익히기 위해 우리는 수단과 방법을 가리지 않게 되었다. 그리고 왜 직업을 가져야 하는지, 왜 다른 이들과 한데 어울려 집단의 일원이 되어야 하는지 망각하게 되었다. 사회의 부품이 되지 못하면 낙오자가 된다는 두려움, 경제적 능력이라는 현대사회의 율법을 지키지 못하는 개인은 영원한 이방인이 되고 만다는 운명 앞에서 우리는 자신의 본래적 가치를 상실하고 말았다.

머잖은 미래에 특별하고 고귀한 인간은 자취를 감추고 기능으로 평가받는 직업이 인간성을 대신하는 날이 도래하지는 않을까 두려워진다. 그때쯤이면 자기만의 개성과 인격을 갖춘 이들은 그레고르 잠자처럼 어느 날 아침 침대 위에서 벌레가 된 자신을 발견하고 외마디 비명을 지르지 않을까 해괴한 망상을 잠시 해본다.

세상에 길들여지거나
세상이 내 앞에 굴복하거나

—신경림, 《농무》

　조세희의 소설 《난쟁이가 쏘아올린 작은 공》에 나오는 한 구절이다.

　"제군은 이제 대학에 가 많은 것을 배우게 될 것이다. 제군은 결코 제군의 지식이 제군 입의 이익에 맞추어서 쓰여지는 일은 없도록 하라."

　불행히도 지식은 경쟁의 수단으로 전락해버린 지 오래다. 양심이라는 단어의 풀이에서 대의大義를 찾는 것은 지금보다 살기 좋았던 과거의 치열하지 않은 경쟁 사회에서나 가능한 얘기다.

　의대를 가는 사람들은 누구나 히포크라테스 선서를 입

에 올린다. 가난하고 병든 사람을 위해 의술을 펼치겠다는 다짐이지만 이를 온전히 믿는 사람은 없다. 여전히 대형병원 문전에는 병든 가족을 업고 달려왔다가 돈이 없어 쫓겨나는 가난한 눈물들이 있다. 법원 중앙을 지키고 있는 '정의의 여신'은 수건으로 눈을 가리고 있다. 정의는 편견과 이익에 따라 선과 악을 구별 짓지 않는다는 의미겠지만, 여전히 법정에서는 금권과 로비가 판결을 좌우한다. 소수의 권력이 미약한 다수보다 고귀하다는 선민의식이 정의를 대신하고 있다.

이렇게 된 이유가 뭘까? 적당히 타협해서다. 지배 권력의 힘에, 물질에, 안락함에 적당히 타협해왔기 때문이다.

적당한 타협이란 불의와의 타협이며, 나를 망치는 길이다. 내가 배운 지식과 경험이 사회의 비극에 눈을 감아주는 범죄적 타협을 포장하는 데 쓰이지 않기를 원해야 한다. 숨 막히는 이 땅에서 때론 물구나무를 서서 홀로 다르게 바라보고 다르게 생각하고 남들이 정해놓은 길을 벗어나는 과격함이 필요하다.

제도권이 입맛에 맞게 만들어놓은 지식은 진실이 아니다. 남의 눈으로 바라본 거짓들을 극복하고 진실을 찾는 데 걸리는 시간은 길지 않다. 세상이 강제로 주입한 거짓을 배웠던 시간의 10분의 1도 되지 않을 것이다. 진실은 강력하기 때문이다. 생명은 과격하기 때문이다. 정의의 힘은 이만큼 놀라운 것이다.

  젊은 날에 무엇을 추구하며 살아갈지 결정하는 일은 삶 전체에서 매우 중요한 의미가 있다. 주위의 만류와 개인적인 염려가 발목을 잡더라도 한 번뿐인 인생의 자유와 해방을 위해 청춘을 바쳐 삶의 진실을 탐구하고 경험하려는 시도는 그 자체로 가장 고귀한 진실이다.

  징이 울린다 막이 내렸다
  오동나무에 전등이 매어달린 가설무대
  구경꾼이 돌아가고 난 텅 빈 운동장
  우리는 분이 얼룩진 얼굴로
  학교 앞 소줏집에 몰려 술을 마신다
  답답하고 고달프게 사는 것이 원통하다
  꽹과리를 앞장세워 장거리로 나서면
  따라붙어 악을 쓰는 건 쪼무래기들뿐
  처녀애들은 기름집 담벽에 붙어서서
  철없이 킬킬대는구나
  보름달은 밝아 어떤 녀석은

꺽정이처럼 울부짖고 또 어떤 녀석은
서림이처럼 해해대지만 이까짓
산구석에 처박혀 발버둥친들 무엇하랴
비료값도 안 나오는 농사 따위야
아예 여편네에게나 맡겨두고
쇠전을 거쳐 도수장 앞에 와 돌 때
우리는 점점 신명이 난다
한 다리를 들고 날라리를 불거나
고갯짓을 하고 어깨를 흔들거나

―신경림, 〈농무〉

1973년 신경림(1934-2024)은 오랜 침묵을 깨고 마침내 첫 번째 시집 《농무》를 세상에 내놓는다. 대학교 2학년에 재학 중이던 1956년 스물한 살 어린 나이에 등단한 이후로 무려 17년 동안 신경림은 시를 쓰지 않았다. 문단에서도 신경림은 오래전에 기억에서 지워진 이름이었다.

그러나 1973년 300부 한정으로 그마저도 없는 돈을 여기저기서 빌리고 끌어모아 자비 출판한 시집 《농무》는 출간되기 무섭게 입소문이 번지면서 거침없이 팔려나가 재판에 재판을 거듭한다. 책 좀 읽었다는 독자들조차 생소하기만 했던 신경림이라는 존재가 출판사들이 외면한 시집 한 권으로 한국의 정서와 민중을 대표하는 시인으로 거듭나게 된 것이다.

　시집《농무》는 농민들의 암울한 심정과 절망을 노래하고 있지만, 그 본색은 아무리 노력해도 내 것이라 부를 만한 무엇인가가 허락되지 않는 거대한 사회 한 컨에서 망각을 강요받고 있는 작디작은 개인의 울분이다. 그중에서도 압권은 시집의 제목과 동명인 시〈농무〉다.〈농무〉의 주인공은 주변부에서 밀려난 광부, 농민, 노동자, 빈민, 건달, 아편쟁이다. 그들은 시인이 세상을 떠돌며 직접 만난 민초들이었으며, 그들의 퍽퍽한 일상은 신경림이 몸소 겪었던 삶이기도 했다.

　《농무》는 앞이 보이지 않는 현실, 몸부림치고 달려들어도 궁핍을 벗어나지 못하는 배고픈 젊음, 장시간의 노동과 저임금, 산업재해로 언제 죽을지 모른다는 두려움, 늘어나는 빚더미에 희망을 빼앗긴 오늘, 한겨울 추위에 떨며 밤새껏 가슴에 품고 있는 슬픔과 한, 노여움, 서글픔, 절망, 낙담, 실의, 죽음의 이야기를 거리의 언어로 토해낸 역작이었다. 이토록 생생하게 분노와 서글픔이 전해지는 까닭은 신경림이 책상과 서재와 사전을 내던지고 민중 속으로,

그가 믿었던 삶의 진실 속으로 뛰어들어서일 것이다.

시집《농무》가 대성공을 거둬 시인으로 명성을 얻는 데 성공했지만 불운과 궁핍은 아직도 그를 떠나지 않았다. 가난한 시절, 서로 위로하며 함께 버텨낸 아내가 첫 시집의 출간을 보지 못하고 눈을 감았다. 사랑하는 아내를 먼저 떠나보냈다는 죄책감과 상실의 아픔이 가시기도 전에 이번에는 어머니가 돌아가셨다. 바로 다음 해 오랫동안 병중에 있던 아버지마저 숨을 거둔다.

하지만 신경림은 의연하게 슬픔을 떨치고 일어난다. 세상에는 그보다 더 힘들고 아프고 슬픈 이가 너무나 많다는 것을 그는 보고 듣고 배웠다. 그 배움에서 비롯된 지식을 바탕으로 신경림은 개인의 상처에 함몰되어 뒤로 물러나는 대신 민주주의 운동과 활발한 시 창작으로 스스로를 구원한다. 도중에 독재 정권의 탄압으로 구속되어 감옥에 가는 등 많은 어려움을 겪었고, 시인으로 입지를 굳힌 후에도 궁핍한 생활은 피부에 새겨진 반점처럼 좀체 지워지지 않았지만 신경림은 정권과 유착한 문단 권력의 유혹을 물리치고 꿋꿋하게 자신이 믿는 진실의 길에 서 있기를 주저하지 않았다.

우리는 협동조합 방앗간 뒷방에 모여

묵내기 화투를 치고

내일은 장날. 장꾼들은 왁자지껄

주막집 뜰에서 눈을 턴다.

들과 산은 온통 새하얗구나. 눈은

펑펑 쏟아지는데

쌀값 비료값 얘기가 나오고

선생이 된 면장 딸 얘기가 나오고,

서울로 식모살이 간 분이는

아기를 뱄다더라. 어떡할 거나.

술에라도 취해볼까. 술집 색시

싸구려 분 냄새라도 맡아볼거나.

우리의 슬픔을 아는 것은 우리뿐.

올해에는 닭이라도 쳐볼거나.

겨울밤은 길어 묵을 먹고.

술을 마시고 물세 시비를 하고

색시 젓갈 장단에 유행가를 부르고

이발소집 신랑을 다루러

보리밭을 질러가면 세상은 온통

하얗구나. 눈이여 쌓여

지붕을 덮어다오 우리를 파묻어다오.

오종대 뒤에 치마를 둘러쓰고

숨은 저 계집애들한테

연애편지라도 띄워볼거나. 우리의

괴로움을 아는 것은 우리뿐.

올해에는 돼지라도 먹여볼거나.

—신경림, 〈겨울밤〉

  1955년 신경림은 동국대학교 영문과에 입학하기 위해 충북 충주에서 상경한다. 시골에서 갓 상경한 신경림의 눈에 대도시 서울의 풍경은 선망 그 자체였다. 그는 이 세련된 도시와 고고한 지성의 일부가 되려고 대학가에서 한창 유행하는 독서회에 가입해 《공산당 선언》 등의 서적을 읽는다. 그러는 동안 충주 본가의 가세가 급격히 기울어 서울에서 대학 생활을 유지하기 위해서는 스스로 학비와 생활비를 조달해야만 하는 어려운 상황에 놓인다. 신경림은 어렵게 붙잡은 기회를 돈 때문에 놓치고 싶지 않았다. 수업이 끝나자마자 밤이 늦도록 아르바이트를 전전하며 어렵사리 서울에서의 대학 생활을 유지했다.

  서울로 올라온 지 1년 만에 드디어 신경림은 그토록 간절히 소원했던 꿈을 이룬다. 시 〈갈대〉가 추천을 받아 시인으로 등단하게 된 것이다. 그와 동시에 선택의 기로에 놓인다. 함께 독서회에 가담했던 친구들이 좌익으로 내몰려 검거되는 사건이 발생한 것이다. 당연히 신경림도 수사 대상에 이름이 올랐다. 세상은 그에게 타협을 이야기했다. 이제 막 등단한 전도유망한 현역 대학생 시인……. 문단은 친구들의 이름을 팔고 신경림이 그토록 원했던 시인으로서의 성공에 한발 더 다가설 것을 권유한다. 젊은 신경림은 큰 충격을 받았다. 이상과 다른 권력의 모습, 겉으로 보이는 화려한 권위 뒤에는 더러운 야욕과 무조건적인 복종을 요구하는 잔인한 착취가 감춰져 있었다. 신경림은 그가 바라던 미래가 어떻게 만들어지는지 알게 되었다. 진실을 알면서도 그 자리에 머물 수는 없었다. 청년은 아무것도 믿지 못하는 불신의 늪에 빠져 대학을 중퇴하고 낙향한다.

문단을 거부하고 대학을 중퇴한 신경림에겐 시를 쓸 기회가 박탈되었다. 마음에 깊은 상처가 새겨져 시를 쓸 수도 없었다. 그래도 굶어죽고 싶지는 않아 평창과 영월, 춘천 등지를 떠돌며 막장의 광부나 농장의 일꾼으로 일했고, 보부상을 쫓아다니며 전국의 오일장을 떠돌고, 돈이 떨어지면 막노동도 가리지 않았다. 하루는 장돌뱅이들과의 술자리에서 자기 신세가 하도 한탄스러워 이놈의 세상 망해버려야 한다고 주정을 부렸다가 빨갱이로 신고당해 한 달간 유치장 신세를 지기도 했다. 집에 돌아와서는 목숨보다 아꼈던 시집과 문학잡지를 몽땅 태워버렸다. 아무것도 할 수 없는 자신의 처지에서 비롯된 무력감과 절망, 그리고 진실을 외면한 대가로 문단의 곁에 남아 잘나가는 시인이 된 옛 동료들을 향한 불타는 질투심이 그의 외면과 내면을 마구 망가뜨려갔다.

서른 살, 신경림의 삶에 남아 있는 것은 오로지 증오뿐이었다. 그는 모든 사람을 미워했다. 잘사는 사람, 높은 자리에 앉아 있는 사람, 학식 있는 사람을 미워했다. 가난한 사람을 미워했고 무식한 사람을 미워했다. 누구보다 미운 것은 시인들이었다. 그들의 얘기는 전부가 거짓으로 느껴졌다. 그리고 자신이 살아가는 세계가, 나아가 자기 자신이 거짓으로 느껴졌다.

그때 기적처럼 시가 찾아왔다. 그가 시를 쓴 것이 아니라 시가 그를 찾아온 것이다. 삶을 지키고, 그 삶 때문에 고통받고, 세상 누구도 그 고통을 헤아려주지 못함에도 아프다는 비명 한마디 없이 의연하게 목숨을 지켜나가는 가난하고 무지한 진실들이 신경림을 위로하기 위해 다가와준 것이다. 실의와 좌절과 불안을 곳간에 쌓아두어도 슬프지만 담담하게 살아나갈 줄 아는 반석 같은 이 땅의 말없는 생명들이 암담한 삶 언저리에서 꿈과 삶을 포기했던 젊은 시인을 구원해준 것이다. 신경림이 처한 개인의 작은 진실은 이토록 처절한 사회의 어두운 진실 앞에서 눈물 한 방울의 가치도 없었다. 스물한 살에 시인이 된 신경림은 서른여덟 살이 되어서야 다시 한번 시를 썼다. 그를 한없이 좌절하게 했던 세상이 그를 변화시키고 그에게 부족한 것들을 채워주었다.

  우리 안에 가득한 진실과 진심을 세상은 돌아봐주려 하지 않는다. 그러니 어쩔 수 없이 우리는 이를 받아들여 자기를 버리고 세상의 일부로 동화되는 선택을 남발하고 만다. 바로 그때 용기 없고 소심한 우리의 영혼은 들리지 않는 속삭임으로 세상에 없는 너만의 소중한 가치들을 지켜달라고 간절히 노래한다. 그 고맙고 자랑스러운 노래에 귀를 막지 않는다면 언젠가는 나를 굴복시켰던 세상의 한켠에서 나만의 노래를 생생하게 들려줄 수 있는 기회가 찾아온다. 세상이 내게 굴복하는 것이다.

누가 진짜
바보인가

—레프 톨스토이,《바보 이반》

　집단에서 자신의 가치를 인정받는다는 건 쉬운 일이 아니다. 마찬가지로 집단에서 타인의 가치를 인정하고 동료의 개성과 능력을 존중하며 받아들이는 일 또한 쉽지 않다. 인간은 매우 경쟁적인 본성을 타고났기 때문이다. 인간이 스스로 '만물의 영장'이 되었다고 선포하기까지 멀리는 다른 종種의 멸종을 획책했으며, 가깝게는 피부색과 언어와 정치체계에 불평등한 기준을 두고 억압과 수탈을 반복해왔다. 나보다 조금이라도 높은 지위, 권력, 경제력과 외모적 호감을 가진 이들에게는 괜히 주눅 들어 자신을 비하한다. 반대로 내가 조금이라도 상대보다 나은 점이 있다는 확신이 들 때면 더없이 잔인해진다.

그런 점에서 봤을 때 인류의 역사는 비교의 역사다. 끊임없이 비교당하고 비교함으로써 자기 가치에 대한 정답을 듣고 싶어 한다. 인생은 절대적 기준으로 평가할 수 없다는 걸 알면서도 공평하지 못한 체제와 가치관으로 순위를 매기고, 인간다움의 높낮이를 결정해버린다.

가장 큰 이유를 찾자면 인간은 무척이나 야심만만하기 때문이다. 우리의 내면에는 지성과 정신력 같은 보이지 않는 본성을 무기 삼아 자기 삶을 발전시키는 데 그치지 않고 더불어 살아가는 이 사회를 변혁하고 싶다는 어처구니없는 욕망이 자리하고 있다. 그래서 대다수 인간은 개인의 행복이나 평온한 일상에 만족하지 못한다. 타인과 비교해 우위를 점하고, 남을 정복하고, 지배하고, 남보다 더 많은 것을 소유해야만 직성이 풀린다.

20대 청춘이 임의로 대학 순위를 매겨 순위 안에 포함되지 못한 대학을 무시하고, 30대는 대기업과 잘나가는 공기업에 소속되어야만 성공한 것으로 간주하며, 40대는 어느 동네에 살고 있어야 실패하지 않았다고 평가하는 식의 보이는 기준에 매몰되는 까닭은 인간 내면에 잠재된 그 같은 본성의 비뚤어진 표출이라고 할 수 있다.

바보 이반의 생활도 나쁜 편은 아니었다. 장인의 장례를 치르기가 무섭게 그는 왕의 옷을 벗어 왕비더러 옷장 속에 넣게 하고, 다시 삼베 셔츠와 바지를 입고 수피화를 신고 일을 했다.

"나는 답답해서 견딜 수가 없어. 배만 자꾸 나오고 먹을 수도 잠을 잘 수도 없어."

그래서 부모와 벙어리인 여동생을 불러다가 다시 일하기 시작했다.

신하들은 그에게 이렇게 말했다.

"하지만 당신은 왕이 아니십니까?"

"할 수 없어. 왕도 먹어야 하니까!"

어느 날 대신이 와서 말했다.

"봉급을 줄 돈이 없는데요."

"할 수 없어. 일하지 않아도 좋아. 오히려 그 편이 더 자유롭게 일할 수 있을 거야. 모두들 거름이나 내게 하라고. 그들은 거름을 많이 만들어놓았을 테니까."

— 레프 톨스토이, 《바보 이반》

레프 니콜라예비치 톨스토이(1828-1910)는 러시아 백작 가문의 유서 깊은 집안에서 태어났다. 톨스토이가 태어났을 때 그의 집은 농노를 330명이나 거느리고 있었다. 어머니는 로마노프 왕조의 공동설립자였던 유서 깊은 가문의 딸이었고, 아버지는 망하기 직전의 이름뿐인 귀족이었다. 가문에 대한 자부심이 대단했던 톨스토이의 외조부는 딸이 다른 집안의 일원이 되는 것을 받아들이지 못했다. 그래서 가진 것 없는 톨스토이의 부친을 사실상 데릴사위로 불러들였다.

이와 같은 가정환경은 어린 톨스토이에게 인간에 대한 그릇된 관념을 심어주었다. 부부 사이임에도 계급이라는 조건 때문에 사랑은커녕 인격의 고하가 뚜렷하게 차별되는 부모의 결혼 생활, 그리고 태어나면서부터 인간성을 박탈당한 채 가축이나 토지 같은 재산상의 명분만이 남아 있는 농노들에 둘러싸여 성장한 톨스토이가 스스로를 절대군주로 여긴 것은 운명이었다.

좋은 모습을 보여주지 못한 양친마저도 일찌감치 세상을 떠나고 톨스토이는 제대로 된 가정교육을 받지 못한 상태로 세상에서 자기가 최고인 것처럼 믿고 살아가는 철부지 청년이 되었다. 그의 주위에는 따끔한 충고를 해줄 어른이나 멘토가 없었다. 세상이 얼마나 넓은지, 이 넓은 세상에 얼마나 많은 사람이 서로의 가슴을 맞대고 타협하며 살아가는지 이해하지 못한 채로 톨스토이는 스무 살이 되었다.

고삐 풀린 망아지처럼 제멋대로 성장한 톨스토이에게 대학 생활은 최악이었다. 그곳에는 톨스토이가 단 한 번도 경험하지 못한 지성과 문학적 열정에 투신한 젊은 시인들이 넘쳐났다. 그들 사이에서 톨스토이가 내세울 수 있는 유일한 자존심은 지방 귀족 출신이라는 핏줄이 고작이었다. 겉으로는 동료 문학가들을 평민 출신 야만인이라고 비웃었지만 그들처럼 생각하고 쓰지 못하는 자신의 처지를 비판한 톨스토이는 대학을 중퇴하고 군대에 입대해 버린다. 그리고 전쟁터로 나간다.

생애 처음 맛본 좌절과 실망을 톨스토이는 전쟁터에서 사람을 죽이는 것으로 희석시켰다. 포병 부대에 자원하여 포탄에 사람 몸뚱이가 산산조각 나는 데 희열을 느끼는가 하면 제대 후에는 사창가를 제집 드나들 듯 배회했다. 그나마 다행인 것은 사창가에서 노름을 일삼으며 물려받은 재산을 마구 탕진하는 와중에도 소설가로서의 꿈은 버리지 않았다는 점이다. 여전히 귀족적인 아집과 독선에 사로잡혀 있다는 평단의 비난이 고통스럽게 따라다녔지만 소설 쓰기를 포기하지는 않았다.

낯선 도시의 벅찬 경쟁 속에서 어렵사리 소설가로서 명성을 얻어갈 무렵, 걷잡을 수 없는 방탕과 문란함으로 뒤범벅이 된 생활이 그를 쓰러뜨리고야 만다. 창녀에게서 매독이 옮은 것이다. 의사는 요양을 명령했다. 하는 수 없이 톨스토이는 수년 만에 그를 촌뜨기 소설가로 불리게 한 원흉이자, 무식한 농노들이 우글거리는 어머니의 시골 영지로 내려온다.

바보 이반의 삶을 꿈꾸게 된 것이다.

이반은 오늘날까지 살아 있고 모든 사람이 그의 나라로 몰려오고 있다. 두 형도 그에게 찾아오자 이반은 그들을 먹여 살리고 있다.

누가 찾아와서 "우리를 좀 먹여 살려주세요" 하면 그는 이렇게 말했다.

"그렇게 하세요. 와서 사세요. 우리 집에는 무엇이든 얼마든지 있으니까."

그러나 이 나라에는 꼭 하나의 관습이 있는데, 손에 굳은살이 박인 사람은 식탁에 앉아 식사를 하지만 굳은살이 없는 사람은 남이 먹고 남긴 찌꺼기를 먹어야 한다.

이반은 벙어리 여동생과 부모님을 모시고 살아가는 농부다. 위로 출세한 형이 둘이나 있지만 그들은 가족을 돌볼 여력이 없다. 조금이라도 한눈을 팔았다간 언제 경쟁에서 도태되어 낭떠러지로 떠밀릴지 몰라 항상 겁에 질려 있다. 사람들은 그런 형들과 달리 새벽부터 밤늦게까지 땅을 일궈 가족을 먹여 살리는 이반을 바보라고 부른다. 그래도 이반은 자신의 희생으로 사랑하는 가족이 배불리 먹을 수 있다는 것이 행복하기만 하다. 이를 시기한 도깨비들은 이반에게 군대를 주고, 공주와 결혼시켜 임금 자리를 물려받게 만든다. 왕이 되고 장군이 되어서 권력과 욕망에 물들어 망가져가는 모습이 보고 싶었던 것이다.

하지만 이반은 도깨비들의 예상과 다르게 여전히 농부로 남았다. 장군이 되어서도, 왕이 되어서도 농사를 지었다. 왕이 앞장서서 농사를 지으니 백성들도 왕을 따라 농사를 지을 수밖에 없었다. 이반이 다스리는 나라는 곧 부자가 되었다. 바보 이반의 나라가 세상에서 가장 행복한 나라, 땅을 믿고 땀을 흘린 만큼 많이 거둘 수 있는 축복의 나라가 된 것이다.

《바보 이반》은 톨스토이가 그에게 새 삶을 깨우쳐준 농노들에게 바치는 헌사였다. 그리고 톨스토이가 꿈꿨던 정직한 세상의 모습이기도 했다. 러시아의 농노들은 톨스토이를 감동시켰고, 톨스토이는 수많은 작품으로 세상을 감동시켰다. 땅이 사람을 감동시키고, 사람이 그 땅을 보다 이롭게 변화시켜 다시금 땅을 감동시키는 것이다. 이를 위해 땀방울을 흘리는 것은 바보가 아니다. 그 귀한 수고를 여기지 못하는 어리석음이야말로 진짜 바보다.

자기만의 가치를 지켜나가는 이들 중에는 유난히 '바보'로 불리는 이가 많다. 그들이 보여주는 고집스러운 행태가 때론 어리석음의 극치로 여겨지기도 한다. 그러나 세상을 좀 더 오랫동안 살아가다 보면 자연스레 깨닫는 진리가 있다. 남들과 나를 놓고 비교하여 당장의 결과와 모습이 내가 그들보다 못하다는 이유로 나는 약하고 어리석은 존재구나, 실망하는 사람들이야말로 불치의 바보라는 점이다.

세상에는 내가 나를 바보라고 부르는 경우가 없다. 나와 다르고, 내가 이해할 수 없는 사람을 바보라고 부른다. 그리고 인생에서 나를 이해해주고 내가 지금 걷고 있는 이 길을 믿어주는 사람은 오직 나 한 사람뿐이다.

소설에서 이반은 스스로 "나는 바보다"라고 고백하지 않았다. 그의 형제들이, 세상 사람들이 이반을 바보라고 불렀다. 하지만 이반은 자신의 나라에서 왕이 되었으며, 그의 나라에서는 모두가 행복해졌다. 바보로 불릴지언정 나만의 세계에서 자유로울 수 있다면 그보다 더 큰 행복은 아마도 없으리라.

사회라는 거대한 시험대 위에 서 있는 이들에게

— 김동리, 《무녀도》

    소년의 어머니는 마흔둘에 그를 낳았다. 노산老産이었다. 아버지는 백수건달에 주정뱅이였다. 나이 많은 어머니는 신앙에 의지했다. 아버지와 어머니는 서로를 증오했고, 절망한 아들은 살구꽃 떨어지는 봄날에 아버지가 남긴 술찌끼를 주워 먹고 골목에서 비틀거렸다. 소년의 나이는 고작 대여섯 살이었다. 그 때문인지 소년은 병치레가 지나치게 잦았다. 아침마다 코피를 흘렸고 선천적인 위장 장애를 앓았으며, 이처럼 병약한 육신은 소년이 머릿속에서 생과 사의 갈림길을 자연스레 떠올리게 했다. 소년은 동무들 사이에 어울려 함께 뛰놀지 못하는 대신

달과 별을 보며 자연의 위대함에 감격하는 것으로 살아 있음의 충만함을 만끽했다.

봄이 되면 소년은 산야山野를 쏘다녔다. 겨우내 죽은 줄로만 알았던 나뭇가지에서 새순이 돋는 광경을 바라보는 것이 좋았다. 그러다 자신의 병약하고 볼품없는 몸뚱이에서도 새순이 돋고 꽃망울이 틔어 세상을 아름답게 물들이면 좋겠다는 소망을 품게 되었다.

일찌감치 삶과 죽음의 경계를 오간 경험 덕분인지 소년은 또래보다 더 깊은 생각과 감수성으로 자신의 성장을 덧칠해나갔다. 소학교 6학년 시절 교지에 출품한 글짓기 한 편은 일제의 식민지 시대를 온몸으로 견뎌내야 하는 사춘기 소년의 절망과 그럼에도 포기하고 싶지 않은 미래에 대한 신념으로 가득했다. 아이답지 않은 통찰이 가득한 글 한 편이 문제가 되어 일본 순사에게 모진 조사까지 받았다.

이 일을 계기로 소년은 불합리한 시대상에 매몰되고 싶지 않다는 마음을 확인하고 학교를 중퇴한다. 전국의 사찰을 떠돌며 철학과 문학을 탐독하는 것으로 그의 안에 작게 자리 잡은 봉오리를 조심스레 키워나갔다. 어느덧 세월이 흘러 스무 살이 되었고 소년은 그 어느 때보다 자기에 대한 확신이 넘쳐났다. 소설로 이 부조리한 세상을 바로잡고 그 안에서 상처받은 이들을 치유하겠다는 포부를 담아 소년은 각 신문사 신춘문예에 원고를 투고한다. 우체국에서 원고를 투고하고 돌아오는 길에 소년은 당선되면 받게 될 상금을 어디에 써야 할지 고민했다. 그만큼 자신감이 넘쳤지만 결과는 전부 낙방이었다.

실망한 소년은 고향에 내려가 동네 건달들과 어울리며 술과 노름으로 세월을 낭비했다. 하지만 허전한 마음은 채워지지 않았다. 어려서 병든 몸으로 바라보았던 들판의 새순과 꽃봉오리는 젊은 객기에 술로 밤을 지새우고 돌아가는 길에도 그 아름다움이 달라지지 않았다. 소년은 변함없이 자신의 길에서 계절을 맞이하는 자연 앞에서 부끄러운 마음으로 뉘우친다. 그리고 붓을 든다.

> 욱이가 어머니 집이라고 찾아온 것은 지금까지 그가 살고 있던 현 목사나 이 장로의 집보다 너무나 딴 세상이었다. 그 명랑한 찬송가 소리와 성경 읽는 소리와, 모여 앉아 기도를 올리고 빛난 음식을 향해 즐겁게 웃음 웃는 얼굴들 대신에 군데군데 헐려져가는 쓸쓸한 돌담과 기와버섯이 퍼렇게 뻗어오른 묵은 기와집과 엉킨 잡초 속에 꾸물거리

는 개구리 지렁이들과 그 속에서 무당 귀신과 귀머거리 귀신이 각각 들린 어미 딸 두 여인을 보았을 때 그는 흡사 자신이 무서운 도깨비굴에 홀려든 것이나 아닌가 하고 새삼 의심이 들 지경이었다.

— 김동리, 《무녀도》

  소년의 본명은 김시종. 훗날 형님이 지어준 동리(1913-1995)라는 이름으로 문단에서 활약한다. 《무녀도巫女島》는 김동리가 나이 스물셋에 발표한 소설이다. 작품에 등장하는 무당 모화는 도깨비굴 같은 낡은 집에서 귀가 먼 딸 낭이와 함께 외로이 살아가고 있다. 세상 사람들과 마주칠 일 없는 쓸쓸한 모녀의 일상에 집을 나갔던 아들 욱이가 돌아오면서 사건이 펼쳐진다.

  오랜 헤어짐 끝에 상봉한 기쁨과 반가움도 잠시, 고향에 남은 어머니의 삶과 외지로 나가 새로운 문명을 접한 아들의 삶은 달라도 너무나 달랐다. 낯선 타지에서 오갈 데 없이 방황하던 자신을 가족으로 받아들여준 선교사들의 영향으로 욱이는 독실한 기독교 신자가 되어 있었다. 욱이는 사랑하는 어머니와 하나뿐인 여동생을 이 낡고 비현대적인 미신으로부터 구원하겠다고 결심한다.

반대로 모화는 죽은 줄로만 알았던 아들이 번듯한 청년이 되어 자기 곁으로 돌아온 것은 오로지 천지신명의 깊은 은혜라 여겼다. 그런 모화에게 밥상머리에서 주기도문이라는 것을 외우며 서양 귀신을 불러들이는 아들의 이해할 수 없는 행동은 무녀로서, 그리고 어미로서 반드시 고쳐줘야 할 신병神病이었다. 어머니는 아들을 칼로 찔러 죽이고 자결한다.

《무녀도》의 본질은 스물세 살 청년 김동리가 겪었던 충돌이다. 개인과 집단, 집단과 집단, 생각과 생각의 충돌은 우리 삶의 근본적인 문제인 동시에 정체성이 확립되어가는 과정에서 필수로 통과해야만 하는 시험이다. 무인도처럼 외따로 떨어져 살아가지 않는 이상, 우리는 사회의 구성원으로서 일정 부분 자신의 정체성을 포기해야 하며, 반대급부이자 대가로 내가 포기한 만큼의 사회적 지위를 청구하게 된다. 그 과정이 누군가에게는 타협으로 느껴져 굴욕과 불만의 원인이 되고, 다른 누군가에게는 자신이 거둔 노력의 성과가 되어 자랑거리이자 삶의 보람으로 의미가 격상되기도 한다.

사회는 이처럼 두 얼굴의 야누스다. 사회에 적응하여 자신의 위치가 공고해질수록 내 안에서 본질적인 나의 모습들이 희미해진다. 반대로 내 안의 본질적인 성격들을 내려놓거나 타협하지 않을 경우 사회라는 거대한 시험대 위에서 나의 존재는 투명인간 취급을 받게 된다. 나와 그들이라는 두 세계, 두 개의 문명이 끝없이 충돌하는 것인데, 젊은 날의 김동리는 이중 자신을 택했다. 조선프롤레타리아문학동맹 등의 좌익문학단체와 문학 논쟁을 펼쳤고, 조선총독부가 설립을 주도한 '문인보국회' 참여를 거절하며 사실상 작품 활동을 금지당했다.

하지만 결과적으로 그의 선택은 주요했다. 해방 후 그는 수많은 친일문화계 인사 틈에서 조국을 버리지 않은 선각자로 대접받았으며, 좌익문학가들과의 논쟁은 그를 우익계 문화 인사의 수장으로 만들어주었다. 누군가는 운이 좋았다며 김동리의 사회적 업적을 폄하하기도 하지만, 시대와의 충돌, 집단과의 충돌을 두려워하지 않고 불확실한 결과에 대한 책임을 감수하려 했기에 얻어낸 신념의 승리이기도 했다.

《무녀도》의 욱이는 모화라는 시대를 구원하지도, 타협하여 뛰어넘지도 못했지만 김동리는 그의 모화를 견뎌내고 이겨냈다. 그리고 자기도 모르는 사이에 모화가 되어 버렸다.

🍂 이때, 모화는 분명히 식칼로 욱이의 면상을 겨누어 치려 하였다. 순간, 욱이는 모화의 칼날을 왼쪽 귓전에 느끼며 그의 겨드랑이 밑을 돌아 소반 위에 차려놓은 냉수 그릇을 들어 모화의 낯에다 그릇째 끼얹었다. 이 서슬에 접시의 불이 기울어져 봉창에 붙었다. 욱이는 봉창에서 방 안으로 붙어 들어가는 불길을 잡으려고 부뚜막 위로 뛰어올랐다. 그러자 물그릇을 뒤집어쓰고 분노에 타는 모화는 욱이의 뒤를 쫓아 칼을 두르며 부뚜막 위로 뛰어올랐다. 봉창에서 방 안으로 붙어 들어가는 불길을 덮쳐 끄는 순간, 뒷등어리가 찌르르하여 획 몸을 돌이키려 할 때 이미 피투성이가 된 그의 몸은 허옇게 이를 악물고 웃음 웃는 모화의 품속에 안겨져 있었다.

박정희 유신 정권과의 결탁은 그의 생애에 씻지 못할 오욕으로 거론된다. '문인보국회' 참여를 거부하며 절필을 선언했을 만큼 강직했던 예술가의 기개와 고집은 젊은 청년들이 민주화를 부르짖으며 거리에서 군홧발에 짓밟히던 시절에 침묵으로 일관했으며, 나아가 정부의 대리인을 자처하며 군사독재에 반감을 가진 문화인들을 억압하는 도구로 이용되었다. 특히 시인 김남주를 가리켜 "공산주의자가 분명하므로 감옥에 가야 한다"고 한 발언은 예수를 믿는다는 이유로 뱃속에 열 달을 품고 키워낸 아들에게 식칼을 휘두르는 모화와 다를 바 없었다. 이 일로 김동리는 재직하고 있던 중앙대학교 문창과 교수직을 잃고 만다. 젊은 학생들이 김동리의 퇴진을 요구하며 농성을 벌였기 때문이다. 그의 책과 삶에 감동했던 독자와 학생 모두를 실망시킨 치욕스러운 퇴진이었다.

지금 이 시간에도 수많은 '욱이'가 절망을 안고 세상을 떠돌고 있다. 집단에서 살아남을 방법을 찾아 헤매고 있다. 그와 동시에 한때 욱이였던 이들은 부푼 희망을 가슴에 안고 사회와 직장에 첫발을 내던진 과거의 그들을 닮은 그림자에게 모진 저주와 악담을 퍼부으며 상처를 입히고 있다. 그 상처를 견디지 못하고 도태되는 청춘들, 버텨내고 적응하지 못한 자신에게 실망하여 아까운 세월을 포기한 청년들, 최악의 경우 살아갈 이유마저 상실하여 스스로 목숨을 끊는 젊음의 숫자가 해마다 증가하고 있다.

그들에게 과거의 욱이였던 이들이 모화처럼 여겨지고 있는 것은 아닐지 두렵다. 욱이처럼, 젊은 날의 김동리처럼 자신이 태어난 땅에, 자신을 키워온 사회에 몇 번이고 절망하게 되는 것은 아닐지 걱정스럽다. 그 절망이 먼 훗날 그들을 모화로 만들어버리지나 않을까 겁이 난다.

　지켜온 자들과 지킨 것을 물려받아 변화시키려는 자들의 갈등은 시대를 초월하여 반복된다. 소설가 김동리는 《무녀도》에서 그 갈등의 결말을 비극으로 묘사했다. 그리고 자신의 삶도 아름답지 못한 말년의 비극으로 불행해졌다. 1990년 여름, 그는 갑작스러운 뇌졸중으로 의식을 잃고 쓰러져 5년간의 투병 끝에 세상을 떠났다. 겉으로는 국가적인 존경과 아쉬움으로 화려하게 포장된 죽음이었지만 평범한 대다수 국민들 마음속에서는 감동을 상실한, 유명할 뿐인 소설가의 최후였다. 처참한 시대를 딛고 성공을 이룬 우리 문학계의 거두는 결국 아무것도 변화시키지 못했다. 어쩌면 이것이 그토록 처절한 우리네 인생의 결말인지도 모르겠다.

끝까지 눈감지 않기를,
침묵하지 않기를

—김정한, 〈사하촌〉

　철학에는 '단독자單獨者'라는 개념이 있다. 인간은 의사와 판단을 갖춘 개인이라는 개념으로 어디에도 지배당하지 않고 홀로 자립하여 존재하려는 인간의 본능을 구체화한 철학 용어다. 칸트나 쇼펜하우어 같은 과거의 철학자들은 인간이 문명을 발전시키고 법과 정치체제를 더욱 세분화하여 마치 제도에 지배당하는 듯한 사회구조를 지향하는 이유는 '단독單獨'이라는 인간의 본성을 실현하기 위해서라고 생각했다.
　실제로 현대사회는 해체에 직면하고 있다. 1인 가족이 매년 급증하고 있는 것은 표면적인 변화의 증거다. 1인 가족의 증가는 청년 세대와 노년 세대를 구별하지 않는다.

　이런 모습은 과거의 철학자들이 기대했던 '단독'이 아니다. 단순히 말해서 가족의 붕괴에서 비롯된 고독이다. 오늘날 사회적 고독은 자발적이라기보다는 타인으로부터 배척당하는 데서 시작될 때가 많다. 즉, 조직과 구조로부터의 낙오다. 낙오의 이유는 다양하다. 그들이 제시한 계급적 스펙을 갖추지 못했거나 학력, 지역, 성별의 차별 때문이기도 하다. 그리고 조직과 구조는 문명과 사회가 발전하고 세분화될수록 과거에 기대했던 바와 달리 모순과 강압과 수탈, 소수를 위한 배분의 불평등에 함몰되어 가고 있다. 아마도 수십 년 안에 고독사孤獨死라는 죽음의 형태가 자연스레 우리 곁을 침투하게 될 것이다. 고독사는 능력과 자존을 박탈당한 채로 사회의 주변부에서 사라져가야 하는 현대인의 가장 참혹한 내일이다.

　과거에 비해 훨씬 많은 법과 제도가 우리를 구속하고 있다. 명분은 우리를 보호하고 사회를 지속하기 위한 어쩔 수 없는 장치다. 맞는 말이다. 하지만 제도화된 구조와 조직이 일정 부분 우리의 자유를 억누르고, 우리를 수탈하고 지배하는 도구로 자행되고 있다는 의심 또한 부정하기 힘든 현실이다.

작게는 가정, 이후로 학교와 직장, 넓게는 국가와 사회의 구성원으로서 우리가 경험하는 딜레마는 불의와 불법을 자행하는 조직의 관습에 매몰될 것이냐 아니면 그에 반항하고 바로잡고자 전면에 나설 것이냐 사이의 갈등이다. 대다수 사람은 불의와 불법에 눈을 감는다. 그것이 조직 내에서 자신의 위치를 보장해주기 때문이다. 나는 목격자일 뿐, 그것이 공범을 뜻하지는 않는다는 자기변명은 매우 편리한 수단이 된다. 개중에는 눈을 감고 침묵하는 데서 한발 더 나아가 조직의 불의와 불법에 적극 동참하는 사람도 있다. 그것이 조직 내에서 그들의 신분 상승에 불가결한 실력으로 인정받기 때문이다. 조직 안에 팽배한 불의와 불법에 시달리던 이들이 침묵과 방조를 통해 불합리한 악습을 세습하는 매개체가 된다. 자신이 당했던 바를 자신의 다음 세대, 혹은 후배나 아랫사람에게 똑같이 행사하게 되는 것이다.

그러므로 침묵과 외면은 단순한 목격이 아니다. 엄연한 협력이다.

치삼 노인은 뽕나무 잎이 반이나 넘게 섞인 담배를 장죽에 한 대 피워 물면서 아들을 위로하듯이—그러나 대답을 두려워하며 물었다.

"논은 어떻게 돼가니?"

"어떻게라니요. 인젠 다 틀렸어요. 풀래야 풀 물도 없고, 병아리 오줌만 한 봇물도 중들이 죄다 가로막아 넣고, 제에기……."

"꼭 기사년 모양 나겠군그래."

"기사년에는 그래도 냇물은 조금 안 있었나요."

"그랬지. 지금은 그놈의 수돗바람에……."

"그것도 원래 약속을 할 때는 농사철에는 냇물은 아니 막아가기로 했다는데, 제에기, 면장 녀석은 색주가 갈보 놀릴 줄이나 알았지, 어디 백성 죽는 건 알아야죠."

들깨는 열을 바짝 더 냈다.

"할 수 없이 이곳엔 인제 사람 못 살 거여."

— 김정한, 〈사하촌〉

인간 김정한(1908-1996)은 부산에서 태어났지만 김정한을 소설가로 키운 스승은 낙동강이었다. 강물에 기대어 물가를 따라 논에 써레질을 하고 밭을 일궈 곡식을 수확하는 자연의 섭리는 태곳적부터 정해진 불변의 삶이었다. 그 같은 보편적인 삶이 정치와 사회의 격변으로 말미암아 위협받는 장면을 목격하게 되면서 김정한은 분노한다. 분노를 풀 길이 없어 그는 소설을 썼다.

도쿄 유학을 마치고 돌아온 그리운 고국 땅은 일제의 수탈에 갈라진 논바닥에 물 한 모금 마음대로 뿌려줄 수 없는 처지였다. 어머니처럼 여겼던 낙동강 물을 빼앗긴 것이다. 그보다 더 절망스러운 시련은 자의와 타의를 평계 삼아 친일을 선택하는 것이 자연스레 암묵되는 사회 분위기였다. 아무도 정의로움에 대해, 올바른 미래에 대해 이야기하려고 하지 않았다. 눈앞의 배고픔, 눈앞의 탄압에 겁을 집어먹고 움츠러들 뿐이었다. 해방을 위한 소수의 몸부림은 나만 아니면 된다는 이기주의를 극복하지 못할 것처럼 보였다. 다수의 대의를 위해 분연히 일어나 불법에 맞선 이들은 선구자, 투사라는 이름이 붙어 무참히 잘려나갔다. 살아남은 자들은 방조와 침묵이 그들의 내일을, 그리고 다음 세대를 오늘보다 더 괴롭고 부끄럽게 만들 것임을 알면서도 나서지 못했다. 한목소리를 내며 대항하고 바로잡으려는 희망은 찾아보기 힘들었다. 그들 모두는 나약한 '고독'이었기 때문이다. 자신의 의사와 판단을 조직과 구조에 빼앗기고도 분노하지 못하고 반항하지 못하는 고독한 개인이었기 때문이다.

스물아홉 살 청년 김정한은 식민지라는 그릇된 구조를 방관하는 시대를 향한 연민을 담아 첫 소설 〈사하촌〉을 발표한다.

사하촌寺下村……. 한자 그대로 절 밑의 마을이다. 이 마을에는 사찰 소유의 전답을 빌려 농사를 지어 먹고 소작료를 지불하는 빈농들이 살고 있다. 사하촌은 식민지 조선이며, 나아가 조직과 구조라는 거대한 토대 위에서 침묵하는 오늘날의 우리들이다. 과도한 소작료와 비인간적인 대우, 여전히 건재한 노예 신분제, 권력의 결탁과 단결하지 못하는 마을 사람들의 분열은 확산되는 비정규직의 공포, 1퍼센트에 집중되는 권력과 부의 편중에 눈감아버린 지금의 우리들과 너무나도 닮아 있다.

무슨 불길한 징조인지 새벽마다 당산등에서 여우가 울어대고, 외상술도 먹을 곳이 없어진 농민들은 저녁마다 야학당이 터지게 모여들었다.
그리하여 하루아침, 깨어진 징 소리와 함께 성동리 농민들은 일제히 야학당 뜰로 모였다. 그들의 손에는 열음 못한 빈 짚단이며, 콩대, 메밀대가 잡혀 있었다.
이윽고 그들은 긴 줄을 지어가지고 차압 취소와 소작료

면제를 탄원해보려고 묵묵히 마을을 떠났다. 아낙네들은 전장에서나 보내는 듯이 돌담 너머로 고개를 내가지고 남정들을 보냈다. 만약 보광사에서 들어주지 않는다면―하고 뒷일을 염려했다.

그러나 또줄이, 들깨, 철한이, 봉구―이들 장정을 선두로 빈 짚단을 든 무리들은 어느새 벌써 동네 뒤 산길을 다우잡았다. 철없는 아이들도 행렬의 꽁무니에 붙어서 절 태우러 간다고 부산히 떠들어댔다.

작품에서 김정한은 가난한 소작민들의 애환을 가뭄으로 묘사하고 있다. 징글징글한 가뭄에 비 한 방울이라도 떨어졌다 싶으면 서로의 논에 물을 대겠다며 조상 대대로 협력하여 살아온 마을 사람들이 원수가 된다. 물은 누구의 것도 아니지만 굳이 주인을 따진다면 땅의 것이며, 목마른 벼 이삭의 것이며, 자라난 이삭을 베어 쌀밥을 지어 먹는 사람의 것이겠지만 절은 생사가 달린 문제에 개입하여 물에도 우선순위를 매긴다. 그때부터 가뭄보다 더 지독한 인정의 메마름에 삶이 타들어가기 시작한다. 가진 자는 더 많은 물을 소유하고 있음에도 빼앗길까 두려워하고, 못 가진 자는 구정물 한 줌도 아쉬워하며 지긋지긋한 가난과 하늘을 원망한다. 하늘이 거저 뿌려주는 축복의 소유권을 권력이 선점하고는 차별을 둔다. 마을 사람들은 그 불의한 처사에 눈을 감고 속으로 분을 삭이는 것이 고작이다.

참다못한 마을 사람들은 담판을 짓겠다며 절로 몰려간다. 소설은 여기서 끝이다. 절에 올라간 후의 상황에 대해서는 이야기해주지 않는다. 1936년에 발표한 소설이지만 아직도 끝나지 않은 이야기다. 그 고리짝 같던 시절의 애타는 가뭄은 강산이 숱하게 바뀐 오늘에 이르러 다시금 우리의 생존을 위협하고 있다. 강물이 말라붙듯 우리 삶의 기본적인 토대들이 말라가고 있다. 국가와 기업은 점점 더 강대해지고 그 대가는 고독한 개인의 희생으로 치러진다. 죽어가는 곡식처럼 나의 노동과 내 삶의 기쁨이 잔인하게 매도당한다. 희생과 손해와 복종은 늘 다수의 몫이며, 그럼에도 다수의 삶은 어디에서도 보장받지 못한다. 거대한 수레바퀴의 나사못 하나, 톱니 하나가 되어 이름도 없이 녹이 슬어 떨어져나가는 것을 운명처럼 기다리고 있을 뿐이다.

개인은 나약하다. 하지만 도도하게 흐르는 강물도 물거품이 모여 이뤄낸 흐름이며, 대지는 눈으로 셀 수 없을 만큼 작은 흙 알갱이가 뭉쳐 다져졌다. 개인이 제 힘으로 할 수 있는 건 아무것도 없다는 실망의 목소리는 불의와 불법에 기대어 살아가는 자들이 만들어낸 허상이다. 그 허상을 진실로 받아들여 눈에 보이는 것만을 추종하며, 옳지 않음을 알면서도 차별하고, 그들처럼 빼앗고, 더 나은 미래가 얼마든지 우리 손안에서 이룩될 수 있음을 믿지 않고 미리 포기했던 대가가 지금의 실망과 좌절이다. 원망의 대상을 찾지 못해 자칫 분노를 무기력한 자기 자신에게 내뿜고 싶은 충동에 시달리는 내 모습이 〈사하촌〉에 등장하는 절망한 들깨, 철한이, 봉구를 닮은 건 아닌지, 세상과 운명을 원망하기 전에 스스로를 먼저 돌아볼 일이다.

연결, 개인을 살아가게 하는 푸른 희망

— 심훈, 《상록수》

　살아가고 있는 곳은 분명 현실인데, 현실에 대한 감각은 점점 더 희석되어간다. 뉴스에서 쏟아지는 슬픈 소식들은 남의 이야기처럼 들린다. 인구가 줄어들고, 복지가 위험해지고, 청년실업률 30퍼센트, 선거철마다 확성기에서 외쳐지는 구호들······. 청년들에게 일자리를!

　그래서 달라진 게 무엇일까. 정치는 우리의 삶을 변화시키지 못한다. 투표장에 나가서 전자 도장으로 말 한 번 깊게 나눠보지 못한 이름에 표시를 새겨도 달라지는 건 없다. 허울 좋은 구호와 정책이 팍팍한 삶을 무마시키진 못한다는 학습된 무력감은 당장의 취업난에서 살아남는 자가 되기를 꿈꿔보는 것조차 버겁게 만든다.

　세상을 좌우하는 질서는 불변하는 승자독식의 체계. 어쩌면 그토록 주구장창 외워대는 일자리 창출은 승자독식의 먹잇감을 마련하기 위한 덫인지도 모르겠다. 그렇게 만들어진 일자리의 결과가 다시금 그들의 호주머니를 채우고 기득권을 지켜주는 것을 볼 때마다 의심이 지워지지 않는다.

　사실 일자리는 넘쳐난다. 아시아의 빈곤국에서 돈을 벌기 위해 이 나라를 찾는다. 들어서는 정부마다 일자리가 없어 큰일이라며 죽을상이고, 도시 골목의 고시원과 쪽방촌에는 젊은 사람들이 넘쳐나는데, 정작 다른 나라의 청년들은 일자리가 많은 한국에서 코리안 드림을 계획한다. 최저시급 1만 원을 받으며 하루 여덟 시간을 일해도 제대로 된 옷 한 벌 살 수 없는 나라에서 말이다.

　배관공과 용접공이 사무직 근로자만큼 대우받고 수입이 보장되는 세상은 과연 몇 년 후에나 도래할 것인가. 나라에서 정한 최저시급으로 생계가 유지될 수 있다면 지금처럼 전공에 상관없이 오직 취업에 목숨을 걸지 않아도 될 것이다. 적성에 맞는 학문 연구와 예술 창작이 불효로, 무능으로, 현실도피로 지탄을 받지 않아도 될 것이다. 직업에 대한 차별이 사라지고 최소한의 경제력만 뒷받침된다면 공무원과 대기업으로 양극화된 취업 전쟁에서 벗어나 보다 다양한 영역에 도전할 수 있는 기회에 용기 있게 뛰어들게 될 것이다.

그런 세상은 누가 만들어줄 것인가. 말뿐인 정치, 문어발식 확장에 눈이 먼 대기업, 나만 아니면 된다는 비겁한 이기심에 멍들어가는 청춘······. 과연 누가 우리를 대신해 바꿔줄 것인가.

"그렇지만, 저 역시 여러분께 우리 계몽대의 운동이, 글자를 가르치는 데만 그치지 말고, 한 걸음 더 나아가서 우리 민족의 거의 전부라고 할 만한, 절대 다수인 농민들의 살 길을 열어주기 위해서, 위선 그네들에게 희망의 정신을 넣어주자는······."

하다가 상막해서 잠시 이름을 생각해보더니,

"······박동혁 씨의 의견은 저도 전연 동감입니다."

하고 남학생 편으로 고개를 돌린다.

"여러분은 학교를 졸업하면 양복을 갈러붙이고 의자를 타구 앉아서, 월급이나 타먹으려는 공상버텀 깨트려야 합니다. 우리 남녀가 총동원을 해서 머리를 동쳐매구 민중 속으로 뛰어들어서, 우리의 농촌, 어촌, 산촌을 붙들지 않으면, 그네들을 위해서 한 몸을 희생해 바치지 않으면, 우리 민족은 영원히 거듭나지 못합니다!"

— 심훈, 《상록수》

심훈(1901-1936)은 열여덟 살에 독립운동에 나섰다가 일제에게 붙잡혀 감옥에 갇힌다. 감옥에서 심훈은 상심한 어머니께 편지 한 통을 썼다.

어머님!
우리가 천 번 만 번 기도를 올리기로서니 굳게 닫힌 옥문이 저절로 열려질 리는 없겠지요. 우리가 아무리 목을 놓고 울며 부르짖어도 크나큰 소원이 하루아침에 이루어질 리도 없겠지요. 그러나 마음을 합하는 것처럼 큰 힘은 없습니다. 한데 뭉쳐 행동을 같이 하는 것처럼 무서운 것은 없습니다. 우리들은 언제나 그 큰 힘을 믿고 있습니다. 생사를 같이할 것을 누구나 맹세하고 있으니까요. 그러기에 나이 어린 저까지도 이러한 고초를 그다지 괴로워하여 하소연해본 적이 없습니다.

1932년, 심훈은 서울 생활을 정리하고 부모님이 거주하던 충남 당진군 송악면 부곡리로 도망치듯 내려간다. 10대 시절 삼일운동에 참여하여 퇴학당한 이후 기자로, 문학가로, 영화인으로 민족의 정신적 계몽에 청춘을 바쳤으나 남은 것은 좌절과 실망뿐이었다. 그 마음을 추스르고자 고향으로 내려갔으나, 그곳에는 더 큰 절망이 그를 기다리고 있었다. 일제의 가혹한 수탈보다 더 가혹하게 느껴지는 청년들의 암울한 미래가 그것이었다. 배움의 기회를 박탈당하고, 수고한 대가를 정당하게 기대할 수 없는 환경에서 방황하는 농촌의 청년들을 바라보며 심훈은 자신이 안고 있는 개인적인 절망이 얼마나 덧없는 것이었는지 깨닫게 된다.

　그런 심훈 앞에 짧은 청춘을 농촌계몽에 헌신하고 생을 마감한 최용신이라는 여성 운동가가 등장한다. 끼니를 걱정해야 될 만큼 가난한 집에서 태어났으나 배움을 통해 민중을 섬기는 삶을 살아가겠다며 일본 유학까지 감행한 이 젊은 여성은 지금의 안산시 상록구에서 야학과 강습소를 운영했다. 그리고 스물여섯 꽃다운 나이에 세상을 떠나기 전까지 이 땅의 농촌에서 젊은이들이 자주적으로 자신의 삶을 개척할 수 있게끔 교육과 지원을 아끼지 않았다. 최용신의 희생과 열정에 감복한 심훈은 그녀가 과로로 세상을 떠난 1935년, 그녀의 일생을 소설로 그려내 〈동아일보〉에 연재하기 시작한다. 그 소설이 바로 《상록수》다. 《상록수》의 여주인공인 채영신의 이름도 실존했던 최용신을 기리는 뜻에서 지었다.

 소설이 대성공을 거둔 다음 해, 심훈은 《상록수》를 자기 손으로 영화화하여 이 나라 방방곡곡에서 상영하기를 꿈꿨다. 글을 모르는 청년들도 눈과 귀로 《상록수》를 읽고 영원히 푸르름을 잃지 않는 상록수가 되어 이 나라를 굳건히 지켜주기를 바라는 마음에서였다. 그러나 안타깝게도 심훈의 꿈은 이루어지지 못했다. 서울에 유행병으로 도진 장티푸스에 걸려 허망하게 죽음을 맞이한 것이다.

 현실은 푸르름과는 거리가 멀다. 곳곳에서 절망과 한숨과 꿈을 상실한 젊음의 울음소리가 들려온다. 그 시절 심훈이 목격했던 식민지의 청춘과 다르지 않다. 하지만 그러하기에 최용신 같은 젊은 상록수들이 사명감을 갖고 목숨을 바쳐가며 빼앗긴 조국에서 희생했던 것임을 잊어서는 안 된다.

 지금 이 순간에도 청춘들이 억울하게 목숨을 잃고 있으며, 개천에 남겨진 미꾸라지처럼 자학을 강요받고 있다.

심훈의 조국은 아직도 식민지다. 세속적인 출세, 물질과 학벌이 기준이 되는 식민지에서 이름 없이 낮은 곳에서 헌신하는 삶을 증오하도록 세뇌당하고 있다. 이기적이고 탐욕스럽고 파렴치한 인간이 되어 홀로 독차지하고 혼자 고립되는 것을 당연하게 여기게끔 유도당하고 있다.

하지만 기억해야 한다. 우리의 상처는 혼자만의 상처가 아니다. 모두가 아파하기에 나도 아픈 것이다. 그러므로 함께 두 팔을 벌려 서로를 안아주고 위로해줘야 한다. 이 땅에서 각자 원하는 생명으로 움틀 수 있도록 함께 변화해야 한다. 젊음이야말로 빼앗겨서는 안 될 상록常綠, 사시사철 빛나는 생명의 원천임을 잊어서는 안 된다.

이 나라의 수많은 아파하는 청춘 가운데 아직 깨어나지 못한 최용신들이 있으리라고 믿는다. 그들을 기다리며 다시 《상록수》를 꺼내 읽으니 마음 한구석이 밝아오는 흥분으로 내가 다 두근거린다. 소설 《상록수》를 집필하던 심훈의 마음도 그러했으리라, 감히 짐작해본다.

🪶 그는 고개를 돌리고, 눈을 꿈벅하고 감았다가 떴다. 이번에는 휘언하게 터진 벌판에, 물이 가득 잡혔는데, 회원들이 오리 떼처럼 논바닥에 가 하얗게 깔려서, 일제히 '이앙

가이앙가(加扶秧歌)'를 부르며 모를 심는 장면이, 망원경을 대고 보는 듯이 지척에서 보였다.

동혁은 졸지에 안계眼界가 시원해졌다. 고향의 산천이 새삼스러이 아름다워 보여서, 높은 묏부리에서부터 골짜구니까지, 산허리를 한바탕 떼굴떼굴 굴러보고 싶었다.

앞으로 가지가지 새로이 활동할 생각을 하며 걷자니, 그는 제풀에 어깻바람이 났다. 회관 근처까지 다가온 동혁은, 누가 등 뒤에서,

'엇, 둘! 엇, 둘!'

하고 구령을 불러주는 것처럼, 다리를 쭉쭉 내뻗었다.

상록수 그늘을 향하여 뚜벅뚜벅 걸었다.

요즘 같은 SNS는 고사하고 신문 한 장 제대로 읽는 것도 쉽지 않았던 100년 전 서울에서 열여덟 살 심훈은 독립만세를 외치며 집 밖으로 뛰쳐나갔다. 독립을 열망하는 청년들이 같은 날 같은 시간에 함께 움직이기 위해 얼마나 오랜 시간을 준비했을지 생각해보면 지금의 우리는 게으르다고밖에 말할 수 없다.

뿔뿔이 흩어져 각자 살길만 찾아 헤매는 지금의 모습으로는 아무것도 달라지지 않는다. 각자의 자리에서 공동의

운명과 직결된 문제에 아주 작은 목소리만이라도 모아준다면 그 목소리는 침묵이 가져올 수 없는 변화의 바람이 된다. 끈끈하고 강력한 유대와 동조를 이야기하지는 않겠다. 과거의 청년들이 보여준 집단주의는 거리를 불바다로 만들 만큼 강력했지만 개인의 삶을 더듬어보는 궁극의 해결책은 제시하지 못했다.

해답은 개인의 성격과 입장을 존중하는 느슨하고 느릿한 동참이다. 대학생 셋 중 한 명이 스스로를 아웃사이더라 부르고, 청년층의 절반이 독신 세대인 현실에서 고향과 학벌과 성별로 이루어진 연고는 사라지는 것이 마땅하다. 대신 아픈 사람들끼리 서로 연결되어 있자는 것이다.

이 아픈 시대를 살아가는 청춘들이 서로 연결되려는 시도는 선택 사항이 아니다. 한창 어렵고 힘든 한철을 참고 견뎌내면 지금보다 나은 시절을 누리게 되리라는 자학과도 같은 식민 시대의 악습에서 탈피해 서로에게 힘이 되어주는 연결고리를 만들어내는 것은 당장의 과제다.

그 첫 번째로 나보다 아프고 괴롭고 힘겨운 동료에게 관심을 가져주는 것. 그에게 사시사철 푸르름을 기대할 수 있는 상록수가 되어주는 것. 이것이 변화의 출발점이다. 아파하는 이를 위해 상록의 푸르름을 드러냈을 때, 겨울의 혹한에도 푸르름을 잃지 않는 나 자신이 만들어질 것이다.

상처를 웃음으로 넘기는 슬픔

―이문구,《내 몸은 너무 오래 서 있거나 걸어왔다》

유대인의 정신적 고향이라고 할 수 있는《탈무드》에는 "원수를 친구로 만드는 사람이 하느님 다음으로 강하다"라고 기록되어 있다. 원수를 친구로 만드는 방법으로《탈무드》는 용서를 첫 번째로 꼽는다.

시나고그라는 유대교 회당에서 예배를 드리기 전에 유대인이 잊지 않고 하는 말이 있다. 바로 "당신을 용서하겠습니다"라는 인사다. 지위고하를 막론하고 부자든, 가난한 사람이든 서로 마주칠 때마다 "당신을 용서하겠습니다"라는 말을 빼놓지 않는다. 처음 보는 사이에도 "당신을 용서하겠습니다"라고 말한다. "나를 용서해주십시오"가 아니라 "당신을 용서하겠습니다"라고 말하는 이유는 비굴해지지 않기 위해서라고 한다. 내가 먼저 당신을 용서해줄 테니 당신도 나를 용서해달라는 암묵적 동의의 요구다. 이것이 가능한 이유는 용서를 구하는 이보다 용서해주는 쪽이 더 고난도의 정서적 부담을 견뎌내야 하기 때문이다.

세상이 비극으로 다가오는 까닭은 이처럼 상처받은 이가 상처를 준 이에게 먼저 너그러움을 풀어나가야 하는 경우가 많아서일 것이다. 그러나 어쩔 수 없다. 상처 난 자리에 약을 바르는 손길은 어느 누구도 아닌 상처 입은 당사자, 자신의 손길일 수밖에 없다.

우리의 인생이 펼쳐지는 삭막한 대지는 넘어진 자를 일으켜주지 않는다. 대지 위에 원망과 분노와 미움을 쏟아내도 돌아오는 것은 자멸이다. 받은 상처보다 더 큰 흉터가 지워지지 않는 흉물스러운 의식이 되어 일상을 지배해버린다. 우리의 삶을 망가뜨리는 흉터 중에서 용서받지 못해 남아 있는 흉터보다 용서하지 못해 기억나는 흉터가 더 위험하다. 용서하지 못함으로써 우리는 스스로를 용납하지 못하게 되기 때문이다.

"넘덜이 논이구 밭이구 순전히 제초제루 농사를 짓길래 나두 그렇게 해서 그동안 재미 좀 본 심인디, 나만 해두 제초제가 바로 고엽제라는 생각을 미처 못 했던겨. 약 안 주구 비료 안 주구 허면 상품 가치가 있어야 말이지. 때깔이 안 나니께 거들떠를 안 보니 나버텀두 유기농이니 환경친화농이니 허는 말이 귀에 들어오간디. 그래서 집이서 먹을 것만 예다가 따루 심어놓구 시험 삼아서 이냥 놔둬보구 있는겨. 되면 내년버텀은 방향을 바꿔보까 허구."

그 말이 떨어지기가 무섭게 제수가 나선다.

"그러니까 무공해 고추네요. 우리도 조금만 따 갈게요."

"그럭 허유."

— 이문구, 《내 몸은 너무 오래 서 있거나 걸어왔다》

소설집 《내 몸은 너무 오래 서 있거나 걸어왔다》는 위암 덩어리를 뱃속에 품고 써 내려간 이문구(1941-2003)의 생전 마지막 작품이다. 충청남도 보령에서 태어난 작가는 문단에 이름 석 자를 내건 이래로 근 40년간 충남의 느긋한 사투리로 글을 써왔다. 애수와 한 서린 웃음소리 가득한 작가의 토속어에 담긴 진심은 생애 마지막 작품에서 오랜 여정을 끝마친다. 소설집 단편의 제목들을 '장평리

찔레나무', '장석리 화살나무'처럼 나무에 빗대어 지은 까닭은 아무도 돌아봐주지 않는 고향 뒷산의 이름 없는 나무들, 대단한 열매가 달리는 것도 아니고 잎사귀가 화려하여 사람들 눈길을 사로잡는 바도 없는 별 볼 일 없는 나무들, 하나 이 보잘것없는 나무들의 형태야말로 삶에 가해지는 불가항력적인 억압과 불신, 시련을 아우르고 지켜낸 우리네 모습이었음을 고백하기 위해서다.

작가가 깨달은 인생이라는 뿌리의 정체는 대지를 움켜쥐고 어울려 살아가려는 용서와 화합의 몸부림이었다. 고향 뒷산의 이름 없는 잡목처럼 살아가되 제가 태어나 자란 곳의 부조리한 현실을 우직이 받들어나가는 민초들이야말로 작가가 평생에 걸쳐 충남의 언어로 지켜내고 싶었던 삶의 예술이었다.

이문구가 써 내려간 소설의 분위기는 웃음으로 뒤엉킨 해학이지만 실상은 무도하기 이를 데 없다. 농촌을 무대로 펼쳐놓은 이야깃거리들이었으나 따지고 보면 온 세상 어디를 가든 약한 자는 짓밟히고, 못 배운 자는 무시를 당하고, 돈은 절대적 잣대가 되어 사람을 차별한다는 냉소로 가득하다. 날로 심각해지는 산업화의 이면에서 필연처럼 다수의 편에 설 수밖에 없는 우리들은 서로에겐 내 몫과 내 위치를 차지할지 모르는 잠재적 위협이다. 다수라는 이름 뒤에 숨어 있지만 정작 사회적 위기가 목전에 다가왔을 때는 다수가 아닌 개인으로 상대해야 하는 불공평한 경험은 용서라는 단어를 패배로 인식하게 만든다.

인간성은 점점 더 황폐해지고, 까닭 모를 소외감과 뒤처지고 낙오되는 듯한 자신의 신분에 늘어나는 것은 불만족이다. 삶에 만족하지 못해 기갈이 든다. 물을 마시지 못한 갈증이 아니다. 아무리 애를 써도 충족되지 않는 생활, 나와 비슷한 말과 행동을 하는 사람들에 둘러싸여 있어도 허전해질 뿐인 심리적 나태는 우리를 공격적인 인종으로 변모시킨다. 작은 일에 분노하고, 작은 상처에 커다란 의미를 부여하고, 듣기 싫은 말 한마디에 이웃을 해친다. 각박한 삶의 모순들이 더불어 살아갈 수밖에 없는 사회를 혐오스러운 공간으로 변질시키는 것이다.

이문구는 토속어라는 가장 저급한 언어로 짧지만 어설픈 웃음을 터뜨린 작가였다. 그 웃음이 폭발하기 일보 직전인 혐오의 감정들, 용납되지 않는 다름의 보복을 누그러뜨리는 방패가 되어주었다. 인생을 보다 길고 넓게 바라보려는 그의 시선은 그가 통과해온 삶의 궤적에서 비롯된 구원의 해학이었다. 세상은 그에게 용서받지 못할 폭력을 사용해놓고도 용서를 구하지 않았다. 이문구는 세상으로부터 자기 자신을 구원하기 위해 용서를 구하지 않는 이들을 용서해주기로 했다.

> 미친 것들, 집 앞에 길조吉鳥가 와서 길조吉兆를 얻은 사람버러 사람 못 할 짓을 하냥 허자구? 왜, 늬덜이랑 하냥 흉악헌 짓을 해서 그 앙화루다가 비껴버리구 말게? 아서, 그런 짓일랑 늬덜이나 많이 혀. 나는 우리 아들래미가 대학에 들어가야겄어. 기우제? 말이 좋다, 그렇게 허면 그게 워치게 농부덜이 가물 적에 에멜무지루다 해보는 기우제냐, 인간 말자덜이나 허는 개지랄이지. 아무리 무식이 넉넉해서 다른 걱정을 모르구 사는 것들이라구 해두 그렇다, 시방 시대가 워떤 시댄디 넘의 모이를 파내야 비가 온다구 헛소리냐. 젊어서 무녀리가 늙어서 무지렝이 된다구 해두 유만부동이여. 시대가 변했으면 대갈빼기두 변해야 옳잖여. 한디 이 동넷것들헌티는 워째서 세월두 가다가 말구 제자리에서 곰이 피는지 모를 노릇이라닝께.

작가 이문구의 개인적 역사는 참혹하기 이를 데 없다. 남로당원이었던 부친은 전쟁통에 처형당했고, 형님은 연좌제에 묶여 대천 앞바다에 산 채로 던져졌다. 열다섯 살엔 어머니마저 세상을 뜨고 천애고아가 되었으며, 중학교를 중퇴한 후 막노동과 날품팔이로 생사의 경계를 넘나들었다. 그럼에도 소설가의 꿈을 버리지 않고 돈을 모아 고학苦學을 이뤄내 서라벌예술대학교 문예창작과에 입학한다. 하지만 소설가라는 꿈에 한발 다가섰다는 안도감도 잠시, 군사정권이 시퍼렇게 득세하는 시대상에서 부친과 형제의 비극적인 죽음은 이문구가 개입하지 않은 사건들에서까지 그의 책임을 들먹이려 했다. 가족의 이름으로 그는 빨갱이, 불순분자, 사회악으로 분리되어 저지르지도 않은 일과 입 밖으로 뱉어본 적조차 없는 생각들의 주체가 되었다. 그가 살아 숨을 쉬는 행위만으로도 세상은 그를 인정할 수 없다고 대들었다. 그렇게 아주 오랫동안 이문구는 용서받지 못한 삶을 살아가야만 했다.

  모진 인생사를 작가는 자신의 작품에 담아내지 않았다. 세상을 원망하지도 않고 적을 만들어 그 원한을 쏟아내지도 않았다. 대신, 가슴으로 웃어낼 줄 아는 고향 사람들의 끈질긴 생명력을 증언하는 데 진력했다. 밟히고 짓이겨져도 뿌리만 살아 있다면 따순 봄볕에 어김없이 잘려진 밑동에서 움을 틔우는 이 땅의 농부들, 민초들의 질경이보다 더 질긴 삶에서 희망을 찾아낸 것이다. 웃음에 핏발이 설지언정 독하게 날이 선 마음을 밖으로 꺼내 내비치지 않는 충청도 특유의 강건한 여유, 남들에게 어리석다 비웃음을 사더라도 한발 비켜 서서 기다려주는 충청의 우직한 인내를 작가는 문학의 뿌리로 삼고 곁눈질 한 번 없이 꿋꿋하게 걸어간 것이다.

작가가 받아들인 숭고한 헌신은 마침내 결실을 맺어 이문구라는 나무 위에 값진 열매가 맺힌다. 보이지 않는 사상이 실제의 현상을 지배하던 폭정의 시대에 이문구는 정치를 따지지 않고 좌와 우를 모두 받아들이는 화합의 버팀목이 되어주었다. 정치적으로 불온하다는 날선 비판과 확인되지 않은 비난이 사실처럼 호도되어 그의 삶을 송두리째 뒤흔들 것을 뻔히 알면서도 문단의 전면에 나서기를 꺼려하지 않았다. 문인협회 수장이라는 직책을 맡아 자신이 체험했던 불순한 차별에 굴하지 않고 스스로를 드러낸 것이다. 이것은 힘을 키워 과거의 나를 괴롭혔던 집단에 보복을 가하기 위함이 아니었다. 이문구는 자기처럼 상처받고 소외된 사람이 숨어 지낼수록 옳지 않은 반목이 시대를 더 어둡게 만들리라는 두려움에서 뒤로 숨어버리는 타협을 거부했다. 그들과 같은 방식으로 복수하는 대신,

모두가 볼 수 있게끔 전면에 나섰다. 사람들은 그의 진의를 의심했지만 먼저 용서하고 먼저 껴안아주고, 자신에게 거북한 죄명을 낙인찍었던 이들 곁에 다가감으로써 그를 미워하고 음해하던 이들을 부끄럽게 했다.

세상이 이문구에게 잘못을 빌며 반성하기 전에 이문구가 스스로 아름드리나무가 되어 그들에게 그림자를 드리워주는 용서를 베푼 것이다. 개인적으로 쉽지 않은 선택이었지만 피해의식으로 번져가는 내면의 상처가 더 곪고 덧나기 전에 차단하는 가장 지혜로운 실천이기도 했다.

눈물은 울어도 흐르고 크게 웃어도 흐른다. 이왕 눈물을 흘려야 한다면 모두가 듣고 돌아볼 수 있도록 크게 웃어버리자는 이문구의 태도는 사회가 던진 작은 생채기를 개인이 덧나게 해 큰 병을 야기하기 일쑤인 우리의 오늘에 더없이 소중한 약이다. 아픔을 치료하는 수단은 내가 당한 아픔에 대한 보복이 아닌, 당장의 상처를 싸매고 약을 얹어 아물게 하는 것임을 이문구의 삶과 작품이 보여줬기 때문이다.

이문구는 유언으로 자신이 죽어 재가 되면 고향 마을 뒷산 소나무 숲에 뿌려달라 하였다. 유언대로 이문구는 지금 충남 보령시 대관동, 그가 태어나고 자란 마을 뒷자

락의 소나무 숲에 잠들어 있다. 그 숲에서 죽은 나뭇가지의 뿌리가 되어 다시 태어날 날을 고대하고 있다. 죽어서도 이 땅의 고단한 생명들에게 버팀목 같은 작품들을 남겨준 작가에게 감사의 인사를 전하지 못함이 안타깝기만 하다.

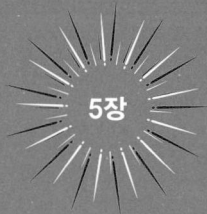

찬란하며 자유로운
인생을 위한 태도

절망에 익숙해져서는 안 된다

—가오싱젠,《창작에 대하여》

　나 하나쯤이야, 라는 방관자적 시선, 일개 개인이 거대한 구조와 조직을 어떻게 변화시킬 수 있을까, 라는 참담한 절망. 그것이 우리를 좌절하게 하고 나태하게 하고 진부한 존재로 전락시키는 균열의 시작이 된다. 균열에 침묵하고 방관한 대가로 얻어지는 보상에는 한계가 있다. 이를 위해 희생시켜야 하는 덕목들이야말로 어쩌면 우리 삶에 진정으로 필요한 보상인지도 모른다.

　양심과 정의는 시대를 가리지 않고 통용되어야 한다. 집단의 성격에 좌우되어서도 안 된다. 진실은 돈과 명예로 살 수 있는 것이 되어서는 안 된다. 진실을 바라보지 않는 것은 그 자체로 거짓에 동조하고 협력하는 것임을 깨달아야 한다. 우리 시대를 지배하는 불의한 공권력, 다수의 지지를 상실한 언론, 다양성을 존중받지 못하는 거세된 개성은 만연하는 불법과 부패에만 책임을 전가할 수 없다. 어둠은 스스로 성립하지 못한다. 어둠은 어디까지나 빛의 결핍이다. 어둠이 빛을 잠식하고 가리는 것이 아니라 빛의 몰락에서 어둠이 확장될 뿐이다.

국가에 더 이상 정의로움을 갈구하지 못하게 된 이유, 부자를 강도로 바라보게 된 이유, 예술이 약탈의 도구로 여겨지는 이유는 우리가 방관했기 때문이다. 사그라지는 정의를, 내 안에서 지워지는 양심을 말없이 지켜만 봤기 때문이다.

침묵하지 않는 목소리로 인한 피해는 분명 두렵다. 나 혼자서 무엇을 바꿀 수 있을까. 저 많은 사람이 순응하고 인내하는 상황에서 내가 느끼는 불의함이 혹여 이기적 욕망으로 오해되지는 않을까, 걱정이 앞서는 것 또한 사실이다. 무엇보다도 참을 수 없는 유혹은 동조에 따른 보상이다. 그들과 같은 목소리로 불법한 합창을 부름으로써 나는 기성세대에 안착할 수 있게 된다. 그들이 던져주는 일말의 기름진 이익이 내 삶을 덧칠해주기만 한다면 당장의 굶주림에서 벗어나는 것이 가능해진다. 짧은 계산으로나마 어느 길이 명확하게 이득이 되는지는 자명하다.

 그래서 우리는 암흑 속으로 걸어 들어간다. 앞이 보이지 않는 절망도 나 혼자만 겪는 일이 아니므로 의심하지 않는다. 그 안에서 벌어지는 무의미한 충돌과 상처도 얼마든지 일어날 수 있는 현실의 사례가 되어버린다. 그렇게 조금씩 끝이 보이지 않는 어둠의 일부가 되어가는 것이다.

> 사람은 신이 될 수 없고 신을 대신할 수도 없습니다. 그 어떤 초인이 나타나 이 세상을 주재한다 해도 세상은 결국 엉망진창이 되고 말 것입니다. 니체가 죽은 후로 한 세기가 지났습니다. 그사이에 인간이 만들어낸 재앙은 인류 역사에 깊은 어둠을 드리웠습니다. 수많은 초인이 인민의 지도자라는 이름으로 혹은 국가의 원수나 민족의 통수자라는 이름으로 등장했습니다. 이들이 폭력이라는 수단을 동원하여 저지른 갖가지 죄악상은 지독한 나르시시즘에 빠진 어느 철학자가 남긴 풍자와는 비교조차 되지 않습니다. 저는 정치나 역사를 말하기 위해 문학을 이용할 생각이 없습니다. 제가 이 자리에서 하는 말들은 어디까지나

한 작가의 지극히 개인적인 목소리일 뿐입니다.

―가오싱젠,《창작에 대하여》

  2000년대 들어 최초로 노벨문학상을 수상한 가오싱젠의 국적은 프랑스다. 그는 1940년 중국 장시성의 부유한 집안에서 태어났다. 아버지는 국영은행 간부였고 어머니는 연극 무대에서 이름을 알린 배우였다. 지금과는 비교도 안 되는 반세기 전 중국의 경제적 척박함과 공산당 정권의 공포정치 속에서 가오싱젠은 서구식 문화 교육을 마음껏 누린 소수의 엘리트 계층이었다. 가오싱젠은 중국 최고 명문인 베이징대학교에서 불문학을 전공했으며, 연극과 미술에서도 남다른 재능을 보여 일찍부터 주목을 받았다.

  가오싱젠이 노벨문학상 수상자로 지목되었을 때 중국 정부는 노벨상을 주관하는 스웨덴 한림원에 수상 취소를 요구했다. 수상자 명단에 가오싱젠이 중국인으로 표기되는 데에도 반대했다. 가오싱젠의 삶과 문학이 현재 중국을 지배하는 정치체제와 사상에 위배된다는 이유에서였다. 중국을 떠나 프랑스에 망명 중이던 가오싱젠은 정식으로 프랑스 국적을 취득한 후 노벨문학상을 수상했다.

평생토록 중국어로 쓴 대본을 무대에 올리고 중국어로만 소설과 평론을 발표해온 노(老)작가는 자신이 태어난 곳에서 배척받으며 프랑스의 열세 번째 노벨문학상 수상자로 역사에 기록되었다.

가오싱젠이 아직 중국에 머물던 시절, 중국이라는 나라, 엄밀히 말해 중국식 사회주의 체제는 가오싱젠에겐 공포 그 자체였다. 당이 인간의 삶까지 집권하여 개인적 일생을 좌지우지하는 독재정치에는 인간을 인간답게 만들어주는 예의가 없음을 깨닫게 된 가오싱젠에겐 두 가지 길이 놓여 있었다. 첫 번째 길은 30년 동안 중국 사회에서 그가 일궈온 노력과 경력을 그대로 유지하는 것이었다. 폐단을 얼마든지 눈감아주고 통용될 수 있는 소수의 부패로 치부하는 것, 비록 양심의 가책은 피할 수 없는 결과가 되겠지만, 대신 사회적으로 권리를 보장받고 신분상의 제약에서 자유로워진다. 앞날이 유망한 젊은 예술가로 불리며 악습과 부패에 눈을 감아온 기성세대로부터 전폭적인 지원을 받게 되는 것이다. 보고도 못 본 척 외면하기만 하면 그들이 누리는 권력이 언젠가는 자신의 소유가 된다.

두 번째 길은 그가 머물던 세계에서 빠져나와 지독한 부조리에 맞서 싸우는 것이다. 모두를 덮고 있는 어둠의 실체에 대해 이야기하며 사사로운 이익에서 양심을 지켜내는 길이다. 이 길에서는 한 치 앞을 내다볼 수 없다. 언제 어떻게 전부라 믿었던 세계로부터 추방당하거나 그 속에서 흔적도 없이 사라지게 될지 알지 못하기 때문이다.

가오싱젠은 두 번째 길을 걸어갔다. 결과는 참혹했다. 그가 쓴 모든 원고가 당국에 의해 불태워졌고, 시골로 내려가 10년간 밭을 갈며 사회주의를 다시 교육받으라는 처분이 내려졌다. 10년 동안 책을 읽는 것도, 사람들을 만나는 것도 금지당했다. 이는 그가 쌓아올린 세계로부터의 탈락과 유배를 뜻했다. 그러나 가오싱젠은 포기하지 않았다. 그의 삶이 실패했다고, 모두로부터 버림받았다고 말할 수 있는 자는 오직 자기 자신뿐이라는 확고한 신념으로 낮에는 밭을 갈고 밤에는 몰래 글을 썼다. 몰래 쓴 글들은 땅을 파서 묻었다. 글을 쓰는 것은 가오싱젠에게 살아있음을 스스로 증명하는 행위가 되었다.

10여 년의 유배가 끝났을 때, 가오싱젠의 나이는 마흔한 살이었다. 늦어도 너무 늦었다고 생각되는 시기에 가오싱젠은 10여 년간 써온 글들을 발표한다. 그의 첫 번째 책이 마흔한 살에 세상의 빛을 보았다. 중국의 정치사회적 현실을 적나라하게 고발하고, 그 안에서 잠자코 순응하는 사람들의 치부를 드러내는 글이었다. 무사할 리가 없었다. 가오싱젠은 프랑스로 정치적 망명을 결행한다. 창작의 자유를 찾아 감행한 도피가 아니었다. 프랑스는 가오싱젠에겐 밭을 갈고 독서를 금지당했던 젊은 날의 유배지나 다름없었다. 그는 제 발로 배척의 길을 떠났다. 그곳에서 끊임없이 자신의 경계를 넓히며 사색하고 글을 썼다. 그렇게 쓴 글들이 시대의 어둠을 물리치는 새로운 빛이 되어 그가 떠나온 곳을 밝게 비쳐주리라는 소망은 이국에서 살아가는 힘이 되었다.

심미는 심미 주체의 개인적인 느낌에서 비롯되기 때문에, 다른 무엇보다도 그 사람의 감정·개성·취향과 밀접한 관련이 있습니다. 심미 판단은 현실적 이익을 뛰어넘어 존재합니다. 그런데 때로는 한 시대의 공인된 가치관이 개개인의 심미판단에 영향을 미치기도 합니다. 예술가도 자신이 살아가는 시대에 유행하는 가치관의 영향을 받습니다. 그 시대의 영향을 뛰어넘는다는 것은 누구에게도 쉬운 일이 아니죠. 그러나 자신만의 독특한 개성으로 창작을 하는 예술가들은 그런 공인된 가치관의 영향에서 벗어나 자신만의 예리한 안목으로 새로운 미를 발견하기도 합니다. 또한 그 아름다움을 담아낼 예술 형식을 찾아 자신만의 심미 체험을 눈에 보이는 작품의 형태로 만들어냅니다.

어떤 예술가가 현실적 이익을 뛰어넘어 창작할 수 있는지 여부는 그 예술가 자신에게 달린 문제입니다. 시장과 정치의 압박이 작가의 숨통을 조일지라도 끝까지 버텨내 마침내 새로운 미적 가치를 제시할 수 있다면 그 예술가는 예술사의 한 페이지를 새로 쓸 수 있게 됩니다.

'헬조선'이라는 괴팍한 조어가 상심의 근본 원인처럼 떠오르는 이때에, 신분의 이동을 두려워하지 않는 변화야말로 우리에겐 새로운 빛이 되어줄 것이다. 올바르지 못한 정치체제, 억압과 착취로 돌변한 규제는 인생을 어둠에 묻히게 하는 제약이다. 시대는 아직도 과거의 편협한 인식에 매몰된 경계와 국경을 강요하고 있다. 이곳에서 인간적인 면모를 발견하지 못하는 까닭은 이방인이 되는 것이 두려워서다.

단지 이념이 다르다는 이유만으로 배제되는 현실에서 가오싱젠이 선택한 자발적인 유배는 탈락이 아닌, 자유를 억압당하지 않기 위한 여정이었다고 할 수 있다. 지옥과도 같은 현실을 방관하며 그냥 머물려는 집착이야말로 지옥보다 더 큰 고통이다. 어둠을 인식했다면 빛을 증폭시키는 것이 해답이다. 어둠을 원망하는 목소리로는 메아리를 만들어내지 못한다.

억압과 구속의 증폭은 자유의 결핍에서 나온다. 나를 가두는 것은 혹독한 현실의 찬바람이 아니다. 세상의 경계가 정해져 있다는 나의 믿음이 스스로를 구속하고 있는 것이다. 눈에 보이는 메마른 대지에서 벗어나려 기를 쓰는 것으로는 아무것도 달라지지 않는다. 어둠을 비난하는 방식으로는 빛이 찾아와주지 않는다. 빛이 머무는 곳으로 떠나야 하는 것이다. 이것은 새로운 삶의 무대를 향한 망명이며 전향이다. 그 와중에 잠시 겪게 되는 이방인이라는 신분을 겁내서는 안 된다. 그 옛날 괴테는 "세계가 이토록 드넓은 까닭은 우리 모두가 그 안에서 흩어지기 위해서다"라는 말을 남겼다. 탈락이라는 선고를 그동안 바라보려 하지 않았던 더 넓은 세계로의 출발로 인식한다면 인생의 밝은 빛이 멀지 않은 곳에서 발견될 것이다. 그 전에 기억해야 할 것은 자기 자신을 헌신하고 모두 불사르려는 대담한 첫발을 내디뎌야 한다는 사실이다.

세상을 향해
금지된 여행을 떠나며

—이사벨라 버드,《한국과 그 이웃 나라들》

　빅토리아 시대 영국 여성들의 우상이었던 이사벨라 버드는 1831년 영국 요크셔에서 국교회 목사의 딸로 태어났다. 어려서부터 건강이 좋지 못했던 그녀는 책을 쓰거나 사람들에게 재미난 이야기를 들려주는 데서 보람과 기쁨을 느끼며 작가가 되고 싶다는 꿈을 남몰래 키워왔으나 당시 여성들에게 강요되던 사회적 한계, 그리고 여자가 남자처럼 글을 써서는 안 된다고 못마땅하게 여겼던 아버지의 죽음을 경험하면서 다시는 글을 쓰지 않겠다고 다짐한다. 자신의 창의적 능력을 발휘하고 싶은 욕망과 그것을 가로막는 사회적 편견 사이에서의 갈등은 이사벨라의 건강을 극도로 악화시켰고, 최후의 수단으로 그녀는 영국보다 기후가 따뜻한 미국과 캐나다를 여행한다. 이것이 이사벨라 버드의 첫 번째 여행이다.

이후 30년간 이사벨라는 오스트레일리아, 하와이, 일본, 인도, 티베트, 페르시아, 쿠르디스탄, 한국, 중국 등 세계 곳곳을 여행하게 되는데, 매번 잘 닦인 길을 피하고 그녀가 진정한 세계라고 믿는 오지를 돌아다녔다. 그리고 여행에서 겪은 이야기들을 모두 여덟 권의 책에 담아냈다. 그녀는 여행 도중 만났던 사람들, 신기하고 이국적인 풍광, 낯선 경험 등을 모험소설에서나 볼 수 있는 강력한 호소력과 생동감 있는 묘사로 그려내 논픽션 여행기라는 새로운 장르의 개척자가 되었다. 그뿐만 아니라 대중적인 성공을 거둠으로써 세계 최초의 여성 여행 작가라는 칭송을 받게 되었다. 이에 힘입어 1892년 여자로서는 처음으로 영국 왕립지리학회 회원으로 임명되기도 했다. 이사벨라의 성공은 '여성 여행가는 19세기 후반에 등장한 가장 끔찍한 현상들 중 하나'라는 당시의 사회 분위기 속에서 이뤄낸 것이기에 더욱 큰 의미를 지닌다.

김수영이 자신의 시 〈거대한 뿌리〉에서 불굴의 의지와 모험을 두려워하지 않는 열정, 억압에 굴하지 않는 용기를 부러워하며 동경의 대상이자 이상형으로 꼽았던 이사벨라 버드는 19세기 말 격변의 시대를 맞이한 조선을 네 차례나 방문하여 무려 11개월 동안 전국 각지를 여행하기도 했다. 한국 여행에서 고종과 명성황후부터 빈민에 이르기까지 다양한 사람을 만난 이사벨라는 이 또한 책으로 남겼는데, 그 책이 바로 《한국과 그 이웃 나라들》이다. 《한국과 그 이웃 나라들》은 서양인 여성이 바라본 아시아의 낯설고 이국적인 풍경에 대한 기록이 아니다. 여성에게 가해지는 억압에 저항하며 자신의 길을 스스로 개척해 나간 용기 있는 한 여성이, 지구 반대편에서 여전히 정당한 권리를 강탈당한 채 가족과 사회의 부속품으로 전락해 살아가는 피부색과 언어가 다른 여자들에게 전하고자 한 한계를 뛰어넘으려는 목소리였다.

> 한국에서의 여성의 지위에 대한 일반적 평가를 하는 것은 정말 어려운 일이다. 상류사회에서는 절대적 격리가 하나의 규범이 된다. 부녀자들은 자신의 안마당과 집이 있으며, 남자들의 집에서는 어떠한 창문도 그곳을 향해서는 안 된다. 방문객은 절대로 가족 중의 여성에게 눈짓을 보낼 수 없다. 그들의 안부를 묻는 것은 예의를 많이 벗어나

는 것이고, 마치 그녀들이 없는 것처럼 행동하는 것이 정중한 손님의 의무이다. 여성들은 어떠한 지적 교육도 받지 않고 모든 계층에서 열등한 지위를 갖는다. 어떤 종류의 이원적인 철학 때문인지는 모르겠으나 한국 남성들이 생각하는 자연自然은 여성이 열등한 존재로서 남성에 부속된 상태이다.

— 이사벨라 버드,《한국과 그 이웃 나라들》

 이사벨라 버드는 세상에서 흔히 말하는 '훌륭한 여성'이 되지 못했다는 사실에 늘 부끄러워했다. 그녀는 숨이 막히도록 아름답지도 않았고, 남자들이 놀랄 만큼 명석하지도 않았다. 대단한 재주를 타고나지도 못했다. 고귀한 가문 출생도 아니었으며, 말과 행동은 여자다운 사랑스러움과는 거리가 멀었다. 그래서 어린 시절부터 심한 강박증과 우울증을 앓았다. 연애는 평생 못해본 것이나 다름없었다. 이사벨라는 키가 작고 통통하며 몸집이 다부진 지극히 평범한 여성이었으므로, 자신의 건강과 외모와 능력에 대한 의심으로 청춘을 허비했다. 그녀에게 주어진 것은 단 한 가지, 자신의 삶을 스스로 결정하고 싶다는 열정뿐이었다. 열정은 그녀에게 수치심이나 열등감, 혹은 자신감 부족으로 일컬어지는 것들을 이겨내는 상상력과 로맨틱한 순정을 가져다주었다. 이사벨라 버드는 용기를 내어 자기 주변의 흥미로운 이야깃거리들을 글로 써서 신문사에 보내봤지만 돌아온 대답은 차가운 거절뿐이었다.

19세기 영국에서 이사벨라 버드와 같은 젊은 여성이 선택할 수 있는 삶은 결혼을 통해 아버지 품에서 벗어나는 것이 고작이었다. 하지만 이사벨라는 그런 식의 결혼을 거부했다. 훗날 존 비숍이라는 의사와 결혼하기도 했지만 50세가 넘어 선택한 결혼으로 사랑보다는 동반자로서의 결속에 가까웠다.

결혼을 거부한 여성에게 주어지는 마지막 대안은 친척 집을 전전하며 유모 노릇을 하거나, 그 집의 병든 환자를 돌봐주며 의식주를 제공받는 것뿐이었다. 이사벨라는 주어진 운명을 거부하고 세상 속으로 뛰어들고 싶다는 강렬한 열망과 여자로서 남편과 가족에게 순종해야 한다는 기독교적 전통 사이에서 오랫동안 갈등을 겪었다. 이는 곧 자신의 삶을 사랑한다는 이유만으로 좌절감을 맛봐야 하는 피할 수 없는 현실이기도 했다. 외부를 향한 죄의식과 내면에서 점점 깊어져가는 절망감은 원인불명의 근육통과 불면증, 정신 질환 등이 되어 이사벨라를 괴롭혔고, 급기야 의사는 잠시 바람을 쐬고 돌아오는 것이 좋겠다며 이사벨라에게 요양을 권했다. 기껏해야 근처 바닷가를 돌아다니며 기분을 전환하는 것 정도로 생각했을 테지만, 이사벨라는 짐을 꾸려 미국과 캐나다로 훌쩍 떠나버렸다.

여행은 거기서 끝나지 않았다. 이사벨라는 여성은 무력하고 수동적인 존재라고 믿었던 시대적 편견에 맞서 혼자 몸으로 오스트레일리아, 뉴질랜드, 하와이, 일본, 말레이시아, 시나이반도, 티베트, 그리고 한국을 여행했다. 그녀는 낯선 이국땅에서 살아가는 여성들의 삶에 주목했다. 법과 관습에 얽매여 당연하다는 듯 권리를 상실당하는 여자들의 이야기, 그녀들의 슬픈 운명에 대한 아쉬움을 글로 남겼다. 명성황후 시해 사건의 전말을 직접 목격하고 이를 서방세계에 최초로 알린 이도 다름 아닌 이사벨라 버드였다.

이사벨라 버드는 세계 각지를 여행하면서 새로운 풍토뿐 아니라 스스로도 몰랐던 새로운 자아를 깨닫게 된다. 자신이 겪은 놀라운 모험을 생동감 넘치는 글과 독특한 견해로 표현하는 데서 얻어지는 정열적인 기쁨이었다. 그녀는 마침내 여행에서 자신만이 경험할 수 있는 이야기를 쟁취하게 된 것이다.

하류 계층의 여성들을 제외한 모든 여성은 젊거나 나이가 들었거나를 막론하고 법의 강제력보다 더한 관습에 의해 집의 안뜰에 격리되어 있다. 밤에 적절히 숨어 외출하는 것과 때때로 여행이나 방문이 필요할 때 엄격하게 가려진 가마 안에서 외출하는 것이 중상류 계층 여성의 유일한 외출이다. 하류 계층의 여성들은 단지 일을 하기 위한 이유로 외출한다.

시해된 왕비는 나의 한국 여행에 대한 감상을 듣고 내게 그녀 자신은 한국에 관해, 심지어는 수도에 관해서도 아는 게 없다며 단지 몇 군데 길만을 안다고 말했다.

미신, 남자들의 잘못된 교육, 문맹, 극히 낮은 법적 권리, 그리고 냉혹한 관습은 세계의 다른 어떤 국가보다 더 낮은 지위를 한국 여성에게 안겨주고 있다. 한국 여성은, 최상층의 지식인 계층에서 태어난 사람까지도 어머니나 시어머니로서 자식들의 결혼 준비에 직접적 영향력을 행사하는 것을 생의 유일한 보람으로 삼고 있는 것이다.

이사벨라 버드에게 여행은 기회를 박탈당한 박제된 여성으로서의 삶에서 탈출하는 유일한 길이었다. 그녀에게 지나친 관심과 비난이 쏟아졌던 이유는 이사벨라가 경직

된 사회의 좁은 영역에 갇혀 있던 다른 수많은 여인과는 너무나도 다른 삶을 살아가서였다.

　여행 내내 남성들의 도움을 기피한 것은 여자는 성적으로 순결해야 한다는 빅토리아 시대의 기독교적 가치관 때문이었으나, 그런 시대착오적인 고정관념 덕분에 강하고 용기 있는 인간으로서 가장 극적이고 아름다운 여정을 나이 예순이 넘어서까지 이루어내는 끈기와 저력을 발휘할 수 있었다. 스스로 많은 한계와 부족한 면을 안고 있었지만, 이에 굴하지 않고 자신의 삶이 지루해지도록 내버려두지 않았던 것이다. 그 예로 이사벨라는 항상 겨울에 여행을 떠났다. 파도가 가장 극심하게 휘몰아치는 계절이었기 때문이다. 그녀의 여행은 언제나 참사와 재난으로 가득했고 그때마다 그녀는 흥분을 감추지 못했다.

　그렇게 이사벨라는 여덟 권의 여행기와 두 권의 사진집을 발간했다. 책 속에서 그녀는 자신에게 일어난 모든 일을 과장하여 극적으로 표현하기를 즐겼다. 그럴 수밖에 없는 것이 지구에서 가장 위험하거나 가장 낙후된 지역만 골라서 여행했기 때문이다. 침묵과 억제는 그녀가 원하던 삶의 형태가 아니었다. 이사벨라에게 인생은 지루할 틈이 없는 여행이며, 새로운 사건의 연속이어야만 했다. 그녀

스스로 누구의 도움도 받지 않고 이와 같은 삶을 창조해 냈다는 점에서 그녀에게는 누구보다 위대한 삶을 살아갔 다고 자신 있게 말할 수 있는 자격이 주어졌다.

이사벨라 버드는 어린 시절부터 자주 병치레를 했다. 다양한 치료에도 불구하고 원인불명의 극심한 고통과 우울증으로 오랫동안 고생했다. 마흔한 살에 그녀는 이유를 알 수 없는 고통을 피해 위대한 여행에 나섰고, 이후 30년 넘도록 세계 각지를 여행했지만 여행지에서 병에 걸린 적은 단 한 번도 없었다. 오히려 영국으로 돌아와 여행 기록을 정리하며 책을 쓰는 동안 극심한 통증과 우울증에 시달렸다. 편안히 주어진 생활에 머무를 때는 병이 나고, 혹독한 환경에 스스로를 내던져 낯선 이국을 여행하며 풍물을 접하면 병이 낫는 신기한 현상이 반복된 것이다.

이사벨라 버드의 삶을 돌아보며 나 자신에게 묻는다. 과연 오늘날 나를 괴롭히는 고통은 어디에서 비롯된 것인가. 또다시 좌절하고 마는 이유는 무엇인가……. 혹시라도 내 앞에 펼쳐진 세계를 바라보지 못한 데서 생겨난 마음의 고통은 아니었을까. 그냥 이대로 순순히 주저앉아버린 게으름이 원인은 아니었을까. 만에 하나 그것이 사실이라면 이대로 가만히 주저앉아 있어서는 안 될 것이다.

참고 기다리면 세상이 달라지겠지, 기대해서는 안 될 것이다. 100여 년 전 나룻배에 몸을 싣고 지도에 나오지도 않는 한강변에 발을 내디딘 푸른 눈의 여인처럼 그렇게 길이 정해지지 않은 곳으로 나를 떠나보내야만 하는지도 모른다.

마음의 힘으로
살아가는 법을 깨닫다

―소노 아야코, 《나이듦의 지혜》

　인생의 공통점은 불행이다. 살면서 행복이란 게 무엇인지 못 느껴본 사람은 있어도 자신이 불행하고, 지금이 바로 절망의 때임을 깨닫지 못해본 사람은 없다. 시간이 흐르면 나아지리라는 위로도 허망하다. 세상은 어떤 식으로든 인생을 괴롭히기 마련이다. 나이가 들어갈수록 산다는 행위는 더욱 처절해진다. 나약해지는 육신을 수용하기란 죽음을 받아들이는 것보다 더 처참하고 서글프다.
　신이 우리를 절망하게 하는 까닭은 보다 나은 인간으로 성숙시키기 위해서라고 하지만, 이런 얘기는 비참한 절망의 터널을 무사히 빠져나왔을 때나 수긍할 수 있는 교훈이다. 어둠이 나의 주위를 둘러싸고, 온갖 고통과 좌절이 매일 아침 눈만 뜨면 거대한 벽이 되어 나의 앞을 가로막고 있는 판에 먼 훗날 내가 이 절망에서 무사히 살아남아 오늘을 돌아보았을 때, 시련이 내게 주어졌음을 감사하게 되리라, 장담할 수 있는 사람은 없다.

그저 한 가지 기대해보는 것은 절망에 익숙해지는 인간의 타고난 매집이다. 고난과 역경이 길어질수록 이를 버텨내는 내 안의 힘과 끈기가 자연스레 성장한다. 그렇게 성장한 힘이 닥쳐온 시련에서 벗어나 새로운 삶을 계획하고 실천해야 하는 인생의 분기점에 도달했을 때 과거의 내가 상상하지 못했던 특별하고 존귀한 내가 되게 해주지 않을까 기대해보는 것이다.

이것이 절망이 우리에게 보여주는 단 하나의 희망이다.

건강을 유지하며 살아가는 비결은 사는 보람입니다. 즉 어떤 목적이 필요합니다. 우리 어머니는 만년에 자신이 살아야 될 이유가 뭐냐고 물으셨습니다. 모르겠으니 가르쳐달라는 부탁이셨는데 노인성의 가벼운 우울증 때문에 그런 말씀을 하셨는지도 모르겠습니다. 나는 야박하게도 "그건 안 돼요" 하고 딱 잘라 거절했습니다.

누구를 막론하고 타인이 삶의 이유랄까, 목적을 대신 가르쳐줄 수는 없습니다. 그 사람이 희망하는 바를 이뤄주기 위해 돕는 것은 가능합니다. 하지만 삶의 목적은 본인 스스로 결정해야 할 문제입니다. 젊은이든, 노인이든, 아프리카 벽촌에서 태어났든, 뉴욕의 마천루 밑에서 태어났든 모두 똑같습니다.

―소노 아야코,《나이듦의 지혜》

  일본을 대표하는 작가인 소노 아야코(1931-)는 50번째 생일을 앞두고 작가로서, 그리고 인간으로서 가장 큰 위기에 직면하게 된다. 선천적으로 약했던 시력에 이상이 생긴 것이다. 망막이 심하게 부어올라 코앞에 있는 사물도 보이지 않는 처지가 되었다. 의사는 수술 외에는 달리 방법이 없다는 말로 그녀를 실망시켰다. 그것만으로는 부족했는지 시력을 완전히 상실하게 될 확률이 90퍼센트 이상이라는 진단으로 그녀를 절망에 몰아넣었다.

  글을 써서 먹고사는 소설가에게 눈이 보이지 않는다는 것은 사망선고나 다름없다. 그녀는 자살을 떠올렸다. 책을 읽고 글을 쓰지 못하는 삶은 자신에게 필요 없다는 극단적인 절망감이 머릿속을 지배하기 시작했다. 수술 당일에 침대에 누워서도 만에 하나 수술이 실패한다면 남편과 하나뿐인 아들에게 유서를 남기고 외딴곳에서 홀로 죽어 버리겠다고 속으로 결심했다.

남편에게 버림받은 홀어머니 밑에서 세상에 대한 분노와 실망을 귀에 딱지가 앉도록 교육받으며 외롭게 자란 소노 아야코는 천성이 차가운 사람이었다. 어려서부터 세상을 불신했다. 더구나 그녀가 사춘기 소녀로 성장했을 때 일본은 제2차 세계대전의 소용돌이에서 군국주의의 망령에 잠식된 상황이었다. 침략과 살육에 미친 정부는 소노 아야코 같은 어린 소녀들마저 군수공장으로 끌고 가 노동을 시켰으며, 밤에는 미군 폭격기가 포탄을 떨어뜨렸다. 매일 아침 골목과 거리에 친구들, 이웃들의 시신이 즐비했다.

자신의 선택과 의지에 상관없이 반복되는 절망적인 날들에 어린 소노 아야코는 꿈꿀 용기와 이유마저 상실했다. 아버지마저도 나를 버렸다는 아픔과 내일을 기약할 수 없는 힘든 날 속에서 어린 소녀를 위로해주고 보듬어 주는 존재는 낡아빠진 책 몇 권이 고작이었다. 소노 아야코는 무섭도록 책에 빠져들었다. 이웃집에 포탄이 떨어져 그녀가 사는 집까지 불길이 번진 위급한 상황에서도 책을 읽으며 방문을 나설 만큼 소노 아야코는 책이라는 세계에 빠져버렸다.

  소노 아야코가 소설가의 길에 들어선 것은 어쩌면 정해진 운명이었는지도 모른다. 온 세상이 나를 무시하고 괴롭히는 와중에도 내가 쓴 글만은 무시하지 않고 읽어준다는 데서 그녀는 살아갈 목적과 희망을 희미하게나마 찾은 듯싶었다. 그런 소노 아야코에게 시력을 잃고 장님이 되어 더는 책도 읽지 못하고 글도 쓸 수 없다는 선고는 지난 50년의 세월을 송두리째 부정당하는 시련이었다. 소노 아야코는 다시 어린 시절로 돌아가 혼자가 되었다고 느꼈다. 곁에는 사랑하는 남편과 소중한 아들이 있었지만, 이제 그만 끝났나 싶었던 절망이 더 큰 모습으로 찾아온 고비의 순간에 그녀는 속절없이 무너지고 말았다. 가장 가까운 가족마저도 그녀에게는 힘이 되어주지 못했고, 시련을 버텨내야 할 이유가 되어주지 못했다.

  그런데 인생은 소노 아야코에게 놀라운 반전을 준비해두었다. 기적적으로 수술이 성공해 시력을 되찾은 것이다. 되찾은 정도가 아니라 열 살 무렵부터 안경이 아닌 돋보기를 쓰고 생활했던 그녀가 안경 없이도 세상을 볼 수 있을 만큼 시력이 좋아졌다. 퇴원하기 전에 마지막으로

측정한 시력은 양쪽 눈 모두 1.5였다. 소노 아야코는 나이 쉰에 난생처음으로 안경을 쓰지 않은 자신의 맨얼굴을 거울 속에서 보게 되었다.

꿈만 같은 일이었다. 동시에 부끄럽고 두려운 결과였다. 이제는 정말 끝이라고 여겼던 최악의 시련이 그녀가 감히 상상조차 하지 못했던 축복으로 급변했기 때문이다. 소노 아야코는 절망이 보여준 이 뜻밖의 사태를 통해 새로운 눈으로 삶을 돌아보게 되었다. 밝아진 시력이 보여주는 세상은 그녀가 아는 과거의 외롭고 처참했던 고단한 날들이 전부가 아니었다.

그녀는 자신이 혼자가 아님을 알게 되었다. 부친의 부재로부터 시작된 천형天刑과도 같은 고독에서 벗어났다는 뜻이 아니다. 세상을 지배하는 절망이 나 혼자만의 것이 아님을 깨닫게 되었다는 말이다. 세상은 그 자체로 절망이며, 인간은 죽음에 이르기 전까지 절망에 대항해 싸워나간다. 이 싸움에서 자신처럼 쓰러져가는 이들을 위해 그녀는 남은 생애를 헌신하기로 결심했다. 이를 위해 신께서 자신의 어둡고 나약했던 눈동자를 빼앗아 밝고 희망찬 새로운 눈동자로 바꿔주셨다고 믿었다.

🪶 나이를 먹는다는 것은 멋진 경험입니다. 위험한 곳에 가더라도 어차피 머지않아 죽게 될 나이이므로 자유롭고 평온합니다. 어린 자녀가 기다리고 있다면 위험은 피하는 편이 좋겠지요. 장년이더라도 부양할 가족이 있다면 위험을 무릅쓰는 모험은 피해야 합니다. 아이들이 아직 대학생이라든가, 대학은 졸업했어도 결혼할 때까지는 도와줘야 한다고 생각한다면 장년도 그리 자유로운 시기는 아닙니다. 하지만 노년이라면 상황이 다릅니다. 모든 족쇄에서 해방된 자유로운 처지입니다. 아껴두었던 모험에 나설 시기입니다. 그런 의미에서 인생의 모험이야말로 청년과 장년이 아닌 노년기만의 특권이라고 생각합니다.

그 믿음은 곧장 실천으로 이어져 현재 그녀는 일본을 대표하는 작가에서 일본을 대표하는 시민운동가로 손꼽히고 있다. 그녀의 봉사활동은 우리와도 인연이 깊다. 나환자촌인 소록도를 20년 넘게 지원했으며, 경주에 나자로원이라는 독거노인 요양 시설도 설립했다. 그리고 아흔이 훌쩍 넘은 나이에도 매년 아프리카로 날아가 빈민들을 위한 봉사활동을 쉬지 않는다. 그녀의 봉사는 단순히 돈만 지원하는 수준이 아니다. 전 세계 각지를 돌며 봉사활동을 펼치는 과정에서 그녀는 일흔이 넘은 몸으로 두 차례나 골절을 입었고, 말라리아에 걸려 사경을 헤매기도 했다. 그럼에도 활동을 멈추지 않았다. 평생에 처음, 스스로 선택한 고통이었기 때문이다.

놀라운 사실은 몸을 혹사해가며 봉사활동에 나설수록 그녀의 삶은 점점 더 행복해지고, 삶에서 감사할 일들이 늘어난다는 것이었다. 적어도 우리는 오늘 저녁을 먹지 못해 굶어죽을 걱정은 없다. 내일 마실 물이 떨어질까 염려하지도 않는다. 그런데 이 세계에서는 아직도 열 명 중 여섯 명이 우리가 기본 중의 기본으로 여기며 삶의 필수조건으로 인정하는 것마저 망각한 환경을 1분도 누려보지 못한 채 사라져가고 있다. 물론 의식주가 인간의 행복을 결정짓는 절대적 가치는 아니다. 그녀도 한때는 단지 시력을 잃게 될지도 모른다는 걱정으로 자살을 계획하지 않았던가. 그런데 타인의 절망에 공감하게 되면서 그녀는 절망의 무게를 객관적으로 판단하는 능력을 부여받게 되었고, 비록 시력을 잃게 되었을지라도 자신의 삶은 무척이나 행복하고 감사한 일들의 연속이 되었으리라는 것을 인정하게 되었다.

나의 절망이 가장 무겁고, 나의 시련이 세상 그 어떤 고통과도 비교되지 않는 잔인한 장애라고 생각하는 것은 우물 안 개구리라는 뜻이다. 우물 뚜껑 너머로 비춰지는 하늘이 우주의 전부라고 믿으며 살아가고 있다는 증거다. 실제로 우리를 괴롭히는 절망과 좌절 중 상당수는 우물 뚜껑 너머로 보이는 좁디좁은 하늘에 불과한 경우가 많다.

 세상은 우리가 인식하는 범위보다 훨씬 광대하다. 그 드넓은 세상에서 내 발부리를 아프게 하는 시련은 어쩌면 작은 돌멩이 하나쯤인지도 모른다. 돌멩이가 너무 작다면 가파른 언덕쯤 되겠다. 인간은 지구에서 가장 높다는 에베레스트도 정복했다. 산소통도 없이 해발 8,000미터의 에베레스트를 올라가는 것보다는 오늘의 시련과 절망을 담담히 인내하고 극복하는 일이 더 쉬울 수도 있다. 현재의 고통과 실망이 인생에서 어떤 의미인가 제대로 확인하기 위해서는 극복해봐야 한다. 현실은 달라지는 게 없더라도 현실에 의미를 부여하는 내 마음은 노력 여하에 따라 얼마든지 달라지게 할 수 있다.

 《나이듦의 지혜》는 여든을 앞둔 소노 아야코가 시력과 더불어 되찾은 삶의 의미를 되새기기 위해 쓴 글이다. 소노 아야코가 찾아낸 삶의 지혜는 베풂과 자립이었다. 누군가를 돕고자 하는 마음, 더불어 살아가고자 하는 마음이야말로 그의 삶이 자립해 있다는 증거이며, 건강하다는 증명이다. 남들은 물러남을 준비하는 지천명知天命의 나이에 기적적으로 시력을 되찾고 새로운 삶을 개척한 그녀에게 쉰이라는 나이는 인생이 지나온 계절을 헤아리는 숫자였을 뿐이다. 그 숫자에 구애받지 않고 그녀는 어둠 속에 갇힌 누군가를 위해 자신에게 주어진 빛을 들고 다가갔다. 소노 아야코의 오래된 삶에서 언제나 싱싱한 생명의 냄새가 진동하는 까닭이다.

  오랫동안 소노 아야코의 삶을 지켜본 나로서는 생명을 이어나가려는 강한 의지야말로 절망을 이겨낸 자들만의 특권인 대담한 용기라는 것을 인정하지 않을 수 없다.

직선의 삶을 꿈꾸며
곡선의 삶을 받아들이는 용기

―이윤기,《숨은 그림 찾기》

"사람은 무영등無影燈 아래서 사는 것이 아니다. 사람의 모듬살이는 무균실無菌室이 아니다."

이윤기의 소설《숨은 그림 찾기》에서 주인공의 은사인 일모一毛 선생이 입버릇처럼 강조하는 금언이다. 무영등이라 함은 등불 밑에 그림자가 드리워지지 않는다는 뜻이며, 무균실은 말 그대로 균이 생존하지 않는 깨끗한 공간을 일컫는다.

불이 켜진 곳에는 그림자가 머물기 마련이지만, 그림자는 더럽고 치사한 역할로 기피되기 일쑤다. 밝음에 필연처럼 따라오는 명암에서 주목받고 인정받는 것은 환하게 빛나는 성공의 열매들이다. 그 뒤에 가려진 고난과 필사의 노력이 만들어낸 가슴속 응어리진 상처는 버려야 될 것들, 잊어버려야 될 기억들로 분류되곤 한다.

　세상은 깨끗하지 않다. 인간은 정화되고 다스려진 완벽한 존재가 아니다. 그래서 세균처럼 집단을 전염시키고, 개인의 관계를 나락으로 떠미는 이들이 곳곳에 암초와도 같이 나타나 우리의 깨지기 쉬운 나약한 마음과 영혼에 휘감겨 들러붙는다. 더불어 살아간다는 의미는 공유하고 이해하고 돕는다는 아름다운 의미로만 이해되지 않는다. 오히려 내 것을 지켜내느라 이빨을 드러내고, 그들과 동화되지 않기 위해 버티고, 좌절해서 쓰러지지 않으려고 눈물을 삼키며 인내해야 하는 순간이 훨씬 많다. 일모 선생의 가르침처럼 세상은 종합병원 무균실이 아니다. 그러하기에 어느 곳에 소속되든 그곳에는 나와 맞지 않는 이들이, 또한 그들과 어울리지 못하는 내가 있다. 사람들 곁에서 옹졸해지고 위축되는 결말은 피하지 못한다.

　나 역시 마찬가지였다. 오랜 직장 생활은 내 몸에 사람들을 향한 지나친 실망감, 무너진 자존심을 생채기처럼 남겨놓았다. 옳다고 믿었던 신념을 상사와 부하라는 관계 때문에 포기하는 것은 생존을 위해 제 발로 동물원 우리로 걸음을 옮기는 나약한 초식동물이 되는 기분과 다를 바 없었다. 동료임에도 서로의 등을 조준하며 나를 대신해 상대가 먼저 쓰러져주기를 기다리는 눈동자 속에 내가 있다는 걸 깨닫게 될 때마다 술을 찾거나, 공통으로 미워할 수 있는 한 사람을 지목해 비난함으로써 마치 나는 무균의 존재라도 되는 것처럼 혼자 만족하곤 했다. 세상 사람 모두가 비뚤어진 곡선으로 나아가고 있지만 그래도 나만큼은 직선을 추구하며 부끄럽지 않게 살아가는 중이라고 스스로를 위로했던 것이다.

돌이켜보니 그날의 위로처럼 헛된 체념은 없었다.

"자린곱쟁이 하 영감, 오늘 고기 먹겠네."

내가, 하 사장이 구두쇠냐고 묻자 안주인은 하 사장과는 어떻게 되느냐고 되물었다. 친척은 아니고, 소개받고 찾아가는 사람이라고 대답하자 안주인은 고개를 절레절레 흔들면서 이런 말을 했다.

"말도 마시이소. 지난 20년 세월을, 손님들이 버리고 간 운동화만 신고 살았다 카디더. 외국 손님들이 놓고 간 우산을 모아두었다가 정기적으로 팔아서 정기적금 드는 사람이라 카디더. 고기 사 먹을 돈이 아까우니까, 소 돼지 같은 짐승이 죽으면서 독을 얼마나 품고 죽는데 그 독이 배어 있는 고기를 먹느냐고 떠들어댄다 카디더. 20년 동안 우리 식육점에 두 번 왔니더."

―이윤기, 《숨은 그림 찾기》

    소설의 주인공 '나'는 미국에서 유학 중인 연구원이다. 잠시 귀국하여 고교 시절 은사인 일모 선생이 운영하는 '운담프로그램'이라는 장학제도의 도움을 받아 경주의 작은 모텔 방을 하나 빌려 책을 쓰게 되었다. 이 모텔 사장인 '하 사장'은 일모 선생의 옛 제자로 별명이 외눈박이다. 한쪽 눈을 감고 세상을 바라보기 때문이다. 한쪽 눈에만 들어오는 지극히 주관적인 장면들이 세상의 진실이라고 믿고 살아가는 고집불통에 전례가 없는 수전노 하 사장은 이 시대의 선비를 꿈꾸는 주인공과는 살아가는 방식이 하늘과 땅만큼 극과 극이다. 글을 쓰러 내려온 사람에게 그 옛날 호롱불을 떠올리라며 15와트짜리 누런 전구 하나 방에 내어주는 것은 예사고, 서울대를 나오지 못했다며 주인공을 무능한 학자로 매도하더니 급기야는 미국으로 떠나기 전 주인공이 맡긴 귀한 서책들을 재래식 화장실을 개조한 창고에 처박아두는 사단을 일으키고야 만다.

주인공의 삶이 정직한 직선을 지향하고 있다면 하 사장의 삶은 아집에 물든 왜곡과 세속의 병폐에 찌든 뒤엉킨 곡선을 따라간다. 주인공의 시선으로 본 하 사장은 기본적인 인격마저 상실한 최악의 인간상이다. 인생을 살면서 절대로 마주쳐서는 안 될 부류 중 하나다.

그런데 소설 말미에 놀라운 반전이 펼쳐진다. 이 하 사장의 호號가 다름 아닌 '운담'이라는 것이다. 주인공에게 국내 체류비와 미국에서의 연구비 및 장학금 전액을 제공한 '운담프로그램'이 바로 자린고비 하 사장이 지난 20년간 변기 물을 아끼겠다며 양변기에 벽돌을 집어넣고, 그 흔한 청소기 한 대 없이 빗자루로 객실을 청소해 모은 돈으로 만든 것이었다. 이 놀라운 이야기를 접하고 참담한 심정으로 넋이 빠져 있는 주인공에게 일모 선생의 일침은 그림자가 드리워지지 않는 인생, 잡균 같은 기피 인물들로부터 자유롭고 싶어 하는 우리의 너절한 욕심과 개인주의에 내려치는 천둥소리다.

> "우리가 직선이라고 여기는 것이 과연 직선이겠는가? 혹시 곡선의 한 부분을 우리가, 자네 말따따나 대롱 시각으로 보고는 직선이라고 하는 것은 아닐 것인가? 자네는 혹

시 큰 곡선을 작은 직선으로 본 것은 아닐 것인가."

전화기가 울린 것은 그때였다. 내 동기 동창이 수화기를 들고는, 네, 안녕하셨습니까, 하고는 잠깐 망설이는 눈치를 보이면서 수화기를 선생께 내밀었다.

일모 선생이 수화기를 받아들었다. 내 귀에, 일모 선생 말씀밖에 들리지 않았던 것은 물론이다.

"응, 자넨가……."

"……."

"그래…… 내 그렇지 않아도……."

"……."

"……그렇지 않아도 야단치고 있네……."

"……."

"여보게 운담, 그게 누구 불찰이겠는가, 다 나의 불찰 아니겠는가…… 그러니까……."

너무 놀랐기 때문에 그랬을 것이다. 내 귀에는 일모 선생의 나머지 말씀이 들리지 않았다.

나는 그날 그 순간보다 더 참담했던 순간은 없어서 기억해내지 못하겠다.

무서운 일이다.

잃어버린 물건이 이미 뒷짐질해본 곳에 있을 수도 있다는 것은.

주인공에게 하 사장은 정답이 보이지 않는 숨은그림찾기였다. 보이는 모습이 진실이라고 믿는 자들에게 세상은 하 사장과 같은 숨은 그림인지도 모른다. 도저히 이해할 수도 없고 인정할 수 없는 상황에서 숨은 그림이 드러나듯 삶의 또 다른 직선이 발견되는 것이다.

작가 이윤기(1947-2010)는 직선의 삶을 꿈꾸며 곡선의 삶을 받아들인 사람이다. 나는 그가 소설의 꿈을 품고 있으면서도 출판사 편집인으로, 영미문학 번역 작가로, 그리스신화 연구자로, 어찌 보면 조금은 되돌아가는 것처럼 보이는 20여 년에 걸친 곡선의 길을 묵묵히 걸어가는 모습을 지켜보았다. 사람들은 작가 이윤기가 걸어가는 곡선의 모습을 비난하거나 비웃었다. 소설가라는 직선의 길을 당당하게 걸어갈 용기가 없고 재주가 없어 출판계 언저리를 기웃거리며 직선과 유사한 곡선을 흉내 내는 것 아니냐는 아프고 불쾌한 평가가 그림자처럼, 혹은 그 어떤 백신에도 사라지지 않는 강력한 바이러스처럼 이윤기의 미래를 괴롭혔다.

그러나 이윤기는 묵묵히 자신이 믿고 있는 목표를 향해

걸어갔다. 그 길이 세간의 시선에는 부끄러운 곡선으로 비추어질지라도 좌절하거나 조급해하지 않았다. 그리고 마침내 그가 걸어간 기나긴 곡선은 우리 앞에서 아름드리 직선을 이루는 데 성공한다. 《숨은 그림 찾기》라는 작품으로 1998년 우리나라에서 최고 권위를 자랑하는 '동인문학상'을 수상한 것이다. 편집인, 번역 작가, 신화 연구가라는 기나긴 곡선이 드디어 그를 '소설가'라는 직선으로 인도하는 순간이었다. 세상이 곡선이라 여겼던 그의 삶이 실제로는 거대한 직선의 한 점이었음을 수십 년에 걸친 묵묵한 걸음을 통해 스스로 증명해낸 것이다. 곁에서 이윤기의 삶을 목격한 증인으로서 우리가 직선이라 믿었던 가치관과 신념은 어쩌면 곡선의 한 단면일 수도 있음을 나는 배웠다. 나를 괴롭히고 힘들게 했던 것들이 실제로는 내 인생의 숨은 그림이 되어 나를 완성시켜주는 퍼즐이 된다는 것을 의심하지 않게 되었다.

  생전에 코가 비뚤어지도록 밤새워 같이 술 마시고 싶다는 그의 청을 들어주지 못한 것이 한스럽지만, 직선만이 정답이라 믿으며 그 곧음을 추구하는 우리네 인생에서 예기치 않게 길을 돌아서야 하는 순간을 맞이할 때마다 나는 술을 대신하여 오래된 옛 벗이 남긴 《숨은 그림 찾기》

를 읽는다. 내가 뒷짐 지고 걸어온 직선도 보는 각도에 따라서는 얼마든지 곡선이 될 수 있음을, 그리하여 내가 허망스레 여기는 이 달갑지 않은 곡선의 인생 또한 길게 이어 붙이다 보면 먼 훗날 떳떳하고 강인한 직선의 모습으로 완성될 수 있음을 기대하는 것이다.

사람 사이의 알력과 갈등이라는 관계에서도 이는 똑같이 적용된다. 내가 미워했던 이들, 나를 괴롭혔던 이들, 내게 아픈 추억과 상실을 안겨줬던 지우고 싶은 기억들이야말로 나의 삶을 나답게 완성시켜주는 숨은 그림이다. 그들에게서, 그리고 그날의 쓰라린 상처에서 찾아냈어야 될 숨은 그림들이 여전히 우리 주위를 떠돌고 있는 것은 아닌지 되돌아보는 습관을 가져야겠다.

우리는 서로가 서로에게 숨은 그림이다. 인생이라는 이 거대한 화폭은 겉으로 드러난 붓의 흔적이 전부가 아니다. 그 사이사이에 나라는 숨은 그림이 도사리고 있다. 그 의미를 발견하는 것이야말로 최선의 삶이다.

누구를 위하여
성장하는가

—헤르만 헤세,《수레바퀴 아래서》

'성장'이라는 강박에 지배당하며 살아가고 있는 것은 아닌지 고민해봐야 할 때다. 늦게까지 도서관에서 스펙이라 불리는 것들을 채우기 위해 외국어 참고서에 내가 가진 재능을 지나치게 허비하거나, 그 나이대라면 당연히 경험했어야 한다는 보이지 않는 시선들에 이끌려 원하지 않는 배움과 경험을 반복하다 삶이 시작되기도 전에 지쳐버리지 않도록 조심해야 한다. 우리를 성장시키는 힘은 어디에서도 주어지지 않는다. 강의실에서도, 남들이 부러워하는 대기업 입사지원서를 통해서도 우리의 성장이 확인되는 일은 없다.

세상에는 내가 성장했다고 말해줄 수 있는 사람이 없다. 인생은 결국 혼자만의 추구이며, 홀로 걸어가야 하는 길이기 때문이다. 자신의 성장에 답을 추구하면 그때부터 인생은 더 이상 성장하지 못한다. 사람들의 눈을 의식하고, 기존에 만들어진 틀 안에 나를 가두고 꺼내기를 반복하게 되는 것이다. 그러다 마침내 이것이 나의 삶인지, 누구의 삶인지조차 모르는 지경에 이른다.

밤 11시까지 교실에서 오직 대학 입시라는 눈앞의 통과의례를 위한 지식에 매몰되고, 전공과 무관하게 취업에 도움이 된다는 자격증과 활동에 익숙해져가는 청춘, 통장에 기록되는 연봉 숫자를 높이기 위해 누군가를 짓밟으며 자신이 하고 싶은 일, 만나고 싶은 미래를 가차 없이 포기하는 냉정함을 우리가 성장했다는 증거로 삼는다면 인생은 거대한 수레바퀴가 되어 언젠가 우리의 영혼과 일상을 짓누르게 될 것이다. 소설 《수레바퀴 아래서》의 주인공 한스 기벤라트의 짧은 삶이 그러했던 것처럼 말이다.

한스 기벤라트는 출세라는 문명의 혜택에서 비켜 난 시골 마을에서 태어났다. 한스의 아버지와 선생님을 비롯한 어른들은 그 좁은 세계에서 한스의 노력과 재능이 빛을 잃게 될까 두려워했다. 그리하여 한스는 지역사회의 합심 어린 지원을 받아 명문 학교 입학을 준비하게 된다. 수업에서는 언제나 특별 취급을 받았고, 쉬는 날 없이 선생님들의 집에서 밤이 늦도록 과외 수업을 받았다. 그리고 당당히 대도시의 명문 학교에 진학했다. 모두들 한스 앞에 펼쳐질 밝은 미래에 의문을 품지 않았다. 그들이 마련해 준 더 큰 세계에서 한스는 사람들의 기대를 충족시키며 성장해나갈 것이라고 믿었다.

  하지만 그것은 내성적이고 여린 한스가 원했던 성장은 아니었다. 그는 단지 주어진 환경에 빨리 적응하고, 아버지와 어른들의 요구를 이뤄줬을 때 돌아오는 보상에 계산이 빠른 아이였을 뿐이다. 한스는 명문 학교에 입학함으로써 그 고된 강압과 지나친 기대로부터 자유로워지리라 생각했지만, 대도시의 명문 학교는 한스에게 보다 심화된 경쟁과 더욱 격렬해진 성장을 요구하기에 이르렀다. 한스는 새로운 생활에 적응하지 못하고 방황하기 시작한다. 그가 자신의 고향에서 얻은 작은 명예는 이곳 아이들에겐 당연한 스펙에 불과했다. 자신이 결코 대단한 존재가 아니라는 것, 즉 모두에게 똑같이 적용되는 기준 아래서 한스는 마음이 비워지고 깨어지는 것을 느끼며 고통스러워한다.

무엇보다도 한스에겐 홀로 자신을 성장시킨 기억이 없었다. 스스로 선택하여 얻어낸 성장의 추억이 없었다. 모두가 어른들의 기대에 부응하는 과정에서 반복된 학습을 참아낸 것이었으며, 세상의 높은 기준을 통과해야 한다는 광기 어린 어른들의 집착에 힘없이 굴복한 모습이 고작이었다.

이곳에서 한스를 괴롭게 하는 것은 고된 수업만이 아니었다. 부유한 집안 출신으로 자유롭게 시를 쓰는 소년 하일러와의 만남은 한스에겐 동경인 동시에 질투의 근원이 된다. 성장에 대한 기대에서 얼마든지 자유로울 수 있는 환경을 타고난 하일러와의 우정이 깊어질수록 가난한 시골 마을 출신이라는 한스의 사춘기 고뇌가 극심해진다. 위선적인 학교에 맞서던 하일러가 퇴학당하는 사건을 기점으로 한스는 세상에 홀로 남겨진 듯한 고독과 숨이 막힐 듯한 주변의 시선에 서서히 무너져 내린다. 그토록 노력해서 입학한 학교에서 문제아로 낙인찍히고 만다.

신경쇠약에 걸려 학업을 중단하고 고향에 내려온 한스를 기다리는 것은 차가운 냉대와 조롱뿐. 아무도 있는 그대로의 한스를 바라봐주려고 하지 않았다. 누구보다 공부를 잘했지만 실패하고 돌아온 한스, 선생님과 지역의 기대를 저버린 한스, 똑똑하지만 그게 전부인 한스……. 한스에게 성장이란 그가 이룩한 시험 성적과 합격증이 전부였던 것이다.

이전과 달라진 사람들의 시선에 괴로워하던 한스는 새로운 삶을 시작해보려 하지만, 그가 알고 있는 세계는 일상과 동떨어진 시험지에 등장하는 문제들이 고작이었다. 낙오한 한스에겐 공장 노동자로서의 힘겨운 삶 외에는 남아 있는 선택지가 없었다. 억지로 공장에 수습공으로 취업했으나 삶의 의욕은 사라진 지 오래였다. 최후의 도피처로 자살을 떠올리게 된 한스는 인적이 드문 숲에서 나무에 목을 매려고 시도하지만 용기가 없어 실패한다. 죽음마저 자신의 의지로 선택하지 못하는 인간이 되었다는 자괴감에 빠져 있던 한스는 어느 날 밤 술에 잔뜩 취해 강물에 몸을 던지는 것으로 수레바퀴 아래서의 해방을 맞이하게 된다.

🍃 한스 기벤라트는 의심할 여지 없이 재능 있는 아이였다. 그가 얼마나 섬세하고 남다른지는, 다른 아이들 틈에 끼여 돌아다니는 그의 모습을 바라보기만 해도 쉽게 알 수 있었다. 슈바르츠발트의 이 자그마한 마을에서는 여지껏 그러한 인물이 배출된 적이 없었다. 이 좁은 세계 너머로

눈을 돌리거나 영향을 끼칠 만한 사람이 여기서는 아직 한 명도 나오지 않았다. 진지한 눈망울과 영리해 보이는 이마, 그리고 단정한 걸음걸이를 이 소년이 도대체 어디서 물려받았는지는 신만이 알리라. 혹시 어머니로부터? 그녀는 벌써 여러 해 전에 세상을 떠났다. 그녀가 살아 있을 때, 사람들은 그녀에게서 별로 두드러지는 특징을 발견하지 못했다. 단지 언제나 병들고 근심에 싸인 모습을 보았을 뿐이었다.

—헤르만 헤세,《수레바퀴 아래서》

  신학자 집안에서 태어난 헤르만 헤세에게 종교적 정의라는 이념의 속박은 숙명이자 의무였다. 대대로 선교사를 지낸 외조부와 부모님의 헌신적 생애는 어린 헤세에겐 존경받아 마땅한 본보기이면서 그의 내면에 파고든 시인으로서의 자각, 문학이라는 정해지지 않은 길을 향한 끓어오르는 열망을 억누르는 거대한 수레바퀴와도 같았다. 헤세 가문이 오랜 세월 이룩해온 사회적 성과 앞에서 소년은 타오르는 창조의 열정을 외면하는 수밖에 없었다.

  하지만 외면하려 하면 할수록 발산되지 않는 열정은 어린 마음으로는 제어할 수 없는 광기로 물들어갔다. 그것이 헤세를 지독한 성장통에 빠뜨리곤 했다. 헤세는 한스 기벤라트처럼 열 살이 되던 해에 부모 곁을 떠나 라틴어 학교에 입학했다. 고작 열 살의 나이에 미래의 출세를 위해 강요된 성장에 내몰린 것이다. 헤세와 한스의 우울한 뒷모습은 수십 년 뒤에 찾아올 미래 때문에 선행학습과 조기교육에 끌려 다니는 이 땅의 어린 생명들과 너무나도 닮아 있다. 이 길 끝에서 만나게 될 자신의 모습에 대한 흥분된 상상은 온데간데없이 수레바퀴에 깔린 채 쓰러지지 않고 버텨냈다는 것만으로도 내일의 성공을 장담해주는 무책임한 어른들에게 가려진 채 조금씩 키가 커져가는 것이다.

헤세는 이듬해에 외할아버지가 그랬듯이 목사의 길을 걷기 위해 신학교에 입학한다. 하지만 문학에 눈을 떠버린 헤세는 규칙과 인습에 얽매인 신학교 생활을 이겨내지 못한다. 마침내 학교에서 무단이탈을 하고, 신경쇠약에 걸려 휴학했다 이를 번복한 뒤 마지막에는 권총을 소지하고 등교했다가 퇴학당하기에 이른다. 그날 헤세는 '시인이 아니라면 아무것도 되지 않겠다'고 결심한다. 고향에 돌아온 헤세를 기다리는 것은 존경받는 신학자 집안의 망나니 아들, 주어진 환경에 적응하지 못한 철부지라는 낙인이었다. 아무도 그가 왜 신학교를 뛰쳐나와야만 했는지, 왜 그토록 청춘의 열병을 앓았는지 알려고 하지 않았다.

    그의 부모는 헤세를 시계 공장에 강제로 집어넣었다. 신학자의 길을 포기하는 대신 차선책으로 시계 기술자가 되어 최소한의 사회적 신분이라도 보장받기를 원한 것이다. 끝내 세상과 부모는 헤세에게 스스로 일어날 기회를 허락하지 않았다. 문학을 꿈꾸는 청년 헤세가 시계 기술을 달가워했을 리 없다. 그는 집을 뛰쳐나와 대학가 서점에 일자리를 구한다. 서점의 고된 일과와 경제적 궁핍을 견뎌내며 마침내 그리도 열망했던 시와 소설을 쓰기 시작한다. 그리고 스물여덟 살에 시인으로 인정받는다. 열네 살에 학교를 그만두고 시인이 되기까지 14년이 걸렸다. 열네 살 헤세가 살아온 시간만큼의 세월이 더 필요했다.

    지난 14년의 고통은 헤세 스스로 선택한 성장통이었다. 한스 기벤라트의 성장통과는 질적으로 달랐다.

    한스는 사과나무 아래 이슬에 젖은 풀밭에 드러누웠다. 온갖 불쾌한 감정과 고통스러운 불안감, 혼돈에 싸인 상념 때문에 도저히 잠을 이룰 수가 없었다. 자신이 더럽혀지고, 모욕을 당한 듯한 느낌이 들었다. 어떻게 집으로 돌아갈 수 있을까? 아버지에게 무슨 말을 해야 하나? 내일

나는 어찌 될 것인가? 그는 너무나도 낙심하여 자신이 처참하다는 생각이 들었다. 이제는 영원히 쉬고, 잠들고, 또 부끄러워해야 할 것만 같았다. 머리와 눈도 아팠다. 한스는 더 이상 걸을 힘조차 없었다.

앞서 느꼈던 희열의 흔적이 다시금 갑작스럽게 파도처럼 밀려왔다. 한스는 얼굴을 찡그리더니 흥얼거리기 시작했다.

《수레바퀴 아래서》는 헤세의 자서전이다. 한스 기벤라트는 그의 분신이다. 한스 기벤라트가 겪었던 갈등과 불안은 젊음의 공통분모이자 가슴 아픈 자화상이다. 청춘이라는 변곡점을 통과해야만 하는 모든 청춘 앞에는 한스가 두려워했던 '수레바퀴'가 놓여 있다. 그들에게 성장이란 수레바퀴에 깔린 채 힘들게 버텨나가는 여정이다.

나를 짓누르는 이 고통이 누구의 선택으로, 누구의 명령으로, 누구를 위해 시작되었는가, 라는 질문과 대답은 그래서 중요하다. 인생은 매 순간이 고통스럽다. 우리의 살갗은 너무도 연약하여 작은 바람에도 쓰리고 아프다. 누구도 대신해주지 않는 그 아픔을 나를 위하여, 한 번뿐인 청춘을 위하여 바치지 못한다면 그들이 말하는 나의 성장이란 더 무거운 수레를 말없이 끌고 가는 도구에 지나지 않게 될 것이다.

본문에서 인용한 글과 책

1장. 살면서 흔들리지 않는 사람은 없다

프리드리히 니체, 《차라투스트라는 이렇게 말했다》
이육사, 〈광야〉, 〈청포도〉, 《육사시집》
박완서, 《그 많던 싱아는 누가 다 먹었을까》
바휘르 스피노자, 《에티카》
최명희, 《혼불》
천경자, 《꿈과 바람의 세계》, 《사랑이 깊으면 외로움도 깊어라》, 《내 슬픈 전설의 49페이지》

2장. 오늘이 고단한 건 다 밥벌이 때문이다

기형도, 〈빈집〉
서정주, 〈자화상〉, 〈마쓰이 히데오 오장 송가〉
마쓰모토 세이초, 《어느 고쿠라 일기전》
천상병, 〈나의 가난은〉, 〈귀천(歸天)〉, 《새》
김소월, 〈진달래꽃〉
전성태, 〈태풍이 오는 계절〉

3장. 언제나 문제는 사랑과 사람

김유정, 〈봄봄〉
표도르 도스토옙스키, 《죄와 벌》
박경리, 《토지》
알베르트 슈바이처, 《물과 원시림 사이에서》
장 그르니에, 《까뮈를 추억하며》
백석, 〈남신의주 유동 박시봉방(南新義州柳洞朴時逢方)〉
피천득, 《인연》
양귀자, 《원미동 사람들》

4장. 암울한 시대를 현명하게 건너는 법

프란츠 카프카, 《변신》
신경림, 〈농무〉, 〈겨울밤〉, 《농무》
레프 톨스토이, 《바보 이반》
김동리, 《무녀도》
김정한, 〈사하촌〉
심훈, 《상록수》
이문구, 《내 몸은 너무 오래 서 있거나 걸어왔다》

5장. 찬란하며 자유로운 인생을 위한 태도

가오싱젠, 《창작에 대하여》
이사벨라 버드, 《한국과 그 이웃 나라들》
소노 아야코, 《나이듦의 지혜》
이윤기, 《숨은 그림 찾기》
헤르만 헤세, 《수레바퀴 아래서》

찬란한 문학의 문장들

초판 1쇄 발행 2025년 3월 10일
초판 2쇄 발행 2025년 4월 14일

지은이 김욱
펴낸이 박혜연

디자인 STUDIO 보글
마케팅 김하늘
펴낸곳 ㈜윌마 **출판등록** 2024년 7월 11일 제 2024-000120호

ISBN 979-11-988895-3-9 (03810)

· 책값은 뒤표지에 있습니다.
· 파본은 구입하신 서점에서 교환해드립니다.
· 이 책은 저작권법에 의하여 보호를 받는 저작물이므로 무단 전재와 복제를 금합니다.

(주)윌마는 독자 여러분의 책에 관한 아이디어와 원고 투고를 기다리고 있습니다. 책 출간을 원하시는 분은 이메일 wilma@wilma.kr로 간단한 개요와 취지, 연락처 등을 보내주세요.